18,80

Dialog als Prinzip

Für Amilcar Cabral,

Lehrer und Schüler seines Volkes

Paulo Freire

Dialog als Prinzip

Erwachsenenalphabetisierung in Guinea Bissau

Aus dem Brasilianischen übersetzt
von Karin von Schweder-Schreiner

Jugenddienst-Verlag
Wuppertal

Titel der Originalausgabe: *Cartas à Guiné-Bissaũ,*
Registros de uma experiencia em processo

Umschlagfoto: Gerd Dehmel
Umschlaggestaltung: hammerteam
Druck: F. L. Wagener, Lemgo
Buchbinderei: Klemme & Bleimund, Bielefeld
ISBN: 3 7795 7639 2

CIP-Kurztitelaufnahme der Deutschen Bibliothek

Freire, Paulo:
[Sammlung ‹dt.›]
Dialog als Prinzip : Erwachsenenalphabetisierung in Guinea Bissau / Paulo Freire. Aus d. Brasilian. übers. von Karin von Schweder-Schreiner. – Wuppertal : Jugenddienst-Verlag, 1980.
Einheitssacht.: Cartas à Guiné Bissaũ ‹dt.›
ISBN 3-7795-7639-2

Inhalt

»Ich kann über viele Dinge meine eigene Meinung haben, etwa wie der Kampf oder eine Partei zu organisieren sind; eine Meinung, die ich mir in Europa, in Asien oder auch in Afrika durch Bücher, Dokumente und Begegnungen, die mich beeinflußten, gebildet habe. Dagegen kann ich aber nicht eine Partei oder einen Kampf nach meinen Vorstellungen organisieren wollen. Um das zu tun, muß ich von der konkreten Realität des Landes ausgehen.«

Amilcar Cabral

Einleitung

Erster Teil

Diese Einleitung soll in erster Linie ein Bericht in Form eines Briefes sein, der sich an die Leserinnen und Leser dieses Buches richtet und der ebensowenig formell ist wie die Briefe, aus denen das Buch sich zusammensetzt. In dieser Einleitung werde ich versuchen, wie in einem Gespräch diesen oder jenen Aspekt zu beleuchten, der mich bei meinen Arbeitsbesuchen in Guinea Bissau beeindruckt hat. Noch vor kurzem bezeichneten die portugiesischen Kolonialisten dieses Land in entwürdigender Weise als »überseeische Provinz«. Ein großartiger Name, mit dem sie ihr Invasorendasein und die hemmungslose Ausbeutung des Volkes von Guinea Bissau zu verschleiern suchten.

Meine erste Begegnung mit Afrika fand jedoch nicht in Guinea Bissau, sondern in Tansania statt, mit dem ich mich aus verschiedenen Gründen eng verbunden fühle.

Ich erwähne dies, um zu unterstreichen, wie wichtig es für mich war, zum erstenmal afrikanischen Boden zu betreten und dabei das Gefühl zu haben, zurückgekehrt zu sein und nicht wie jemand zu empfinden, der zum erstenmal fremden Boden betritt. Je weiter ich nämlich damals vor fünf Jahren den Flughafen von Dar-es-Salaam auf dem Weg zum Campus der Universität hinter mir ließ und die Stadt durchquerte, um so mehr hatte ich den Eindruck, in eine mir bekannte Stadt, an einen vertrauten Ort zurückzukehren. Von jenem Augenblick an begannen die kleinsten Dinge – wie alte Bekannte – zu mir, von mir zu sprechen. Die Farbe des Himmels, das Blaugrün des Meeres, die Kokospalmen, die Mangobäume, die Cashewnußbäume, der Duft ihrer Blüten, der Geruch der Erde; die Bananen, sogar meine heißgeliebte Banana-Maçã; der Fisch in Kokosmilch, die Heuschrecken, die über die Kriechgräser hüpfen; die schwingenden Körper der Menschen in den Straßen, ihr lebensoffenes Lächeln; der Gesang der Trommeln tief in der Nacht; tanzende Körper, die im Tanz die »Welt malen«; die Volksmassen, die in ihrer Kultur leben, die zu vernichten den Kolonialisten nicht gelungen ist, so sehr sie sich auch angestrengt haben; all dies überwältigte mich und ließ mich erkennen, daß ich afrikanischer war, als ich geglaubt hatte.

Natürlich waren es nicht nur diese Aspekte – die für so manchen reine Gefühlserlebnisse sein mögen, in Wirklichkeit jedoch viel mehr als das sind – die mich bei dieser Begegnung, bei dieser Wiederbegegnung mit mir selbst berührten.

Ich könnte viel über meine Eindrücke bei meinen verschiedenen Besuchen in Tansania sagen und ebenso viel darüber, was ich dort gelernt

habe. Dies ist jedoch nicht meine Absicht, wenn ich hier von diesem Land spreche, dem ich mich so verbunden fühle. Ich habe von Tansania gesprochen, um, wie bereits gesagt, zu unterstreichen, wie wichtig es für mich war, afrikanischen Boden zu betreten und dabei das Gefühl zu haben, zurückgekehrt und nicht zum erstenmal dort angekommen zu sein.
Dieses Gefühl, auf afrikanischem Boden zu Hause zu sein, wiederholte sich in gewisser Hinsicht, allerdings noch akzentuierter, als ich im September des vergangenen Jahres mit dem Team des Institut d'Action Culturelle – IDAC – zum erstenmal Guinea Bissau besuchte. Ich könnte auch sagen: als ich nach Guinea Bissau »zurückkehrte«.
In dieser Einleitung werde ich davon sprechen, was nicht nur für mich, sondern für uns alle eine Rolle gespielt hat, die wir im Team an diesem großartigen und herausfordernden Versuch beteiligt sind, in dem wir im Bereich der Erziehung im allgemeinen und der Erwachsenenbildung im besonderen zusammen mit Lehrenden und Lernenden aus Guinea Bissau arbeiten und nicht über oder einfach für sie.
Zuvor glaube ich aber mit einigen Worten erklären zu müssen, warum ich jetzt und nicht erst später die wenigen Briefe veröffentlichte, die ich bisher an den Minister für Erziehung und an die Kommission für Koordinierung der Alphabetisierungsarbeiten in Bissau geschrieben habe. Meine Hauptintention liegt darin, den Leserinnen und Lesern durch diese Briefe und die vorangehende Einleitung einen mehr oder weniger lebendigen Eindruck zu vermitteln von den Aktivitäten, die in diesem Lande entwickelt werden sowie von einigen der theoretischen Probleme, die sie aufwerfen. Deshalb heißt der Titel des Buches: »Dialog als Prinzip«.

Vor der Wahl, zwei oder drei Jahre später ein Buch als eine Art Abschlußbericht über die heute noch laufenden Arbeiten zu veröffentlichen oder mitten in der Arbeit über den Versuch zu berichten, entschied ich mich für die zweite Möglichkeit. Ich möchte hier allerdings betonen, daß eine zweite Publikation, die ich über den gleichen Versuch zu machen hoffe, nicht mehr aus den Briefen bestehen wird, die ich weiterhin schreiben werde. Denn ich möchte mich beim Schreiben der zukünftigen Briefe ebenso spontan äußern, wie ich es bei der Niederschrift der Briefe getan habe, die ich jetzt veröffentliche. Und diese Spontaneität – nicht Neutralität – könnte Schaden nehmen, wenn ich die zukünftigen Briefe in dem Bewußtsein schriebe, daß ich an einem zweiten Band von Briefen nach Guinea Bissau arbeite.
Nach dieser Erklärung können wir damit beginnen, ohne große didak-

tische Ansprüche über die Arbeit in Guinea zu sprechen. Ich möchte bei dieser Gelegenheit der Freude Ausdruck verleihen, mit der wir, d. h. die Mitarbeiter der Abteilung für Bildungsfragen des Weltkirchenrates sowie das Team des IDAC, im Frühjahr des vergangenen Jahres die durch den Erziehungsminister übermittelte offizielle Einladung der Regierung von Guinea Bissau entgegennahmen, bei einem ersten Besuch die Grundlagen unserer Zusammenarbeit auf dem Gebiet der Erwachsenenalphabetisierung zu diskutieren.

Wir waren sehr wohl vertraut mit dem Kampf, in dem das Volk von Guinea Bissau und den Kapverdischen Inseln unter der herausragenden Führung von Amilcar Cabral und seinen Genossen von der PAIGC* sich daran gemacht hatte, die Kolonialmacht Portugal aus dem Land zu vertreiben.

Wir wußten, welche Bedeutung dieser Kampf einerseits für die Herausbildung des politischen Bewußtseins sowohl für große Teile des Volkes als auch für seine Führer und andererseits als einer der Hauptfaktoren gehabt hatte, die den 25. April in Portugal erklären.

Wir wußten, daß wir nicht mit »kühlen« oder »objektiven« Intellektuellen oder »neutralen« Experten zusammenarbeiten würden, sondern mit Kämpfern, die sich dem harten Ziel des Wiederaufbaus des Landes verschrieben hatten. Ich spreche bewußt von Wiederaufbau, denn Guinea Bissau beginnt nicht bei Null, sondern baut auf seinen kulturellen und historischen Quellen auf, auf etwas nur ihm Eigenen, der wahren Seele seines Volkes, die die Gewalt der Kolonialisten nicht hat ausmerzen können. Bei Null beginnt es hinsichtlich der materiellen Bedingungen, in denen die Invasoren es zurückließen, als sie, politisch und militärisch bereits besiegt, das Land in einem unmöglichen Krieg nach dem 25. April endgültig verlassen mußten und ihm ein Vermächtnis an Problemen und Achtlosigkeit hinterließen, das genug über die »zivilisatorischen Anstrengungen« des Kolonialismus aussagt.

Daher also unsere Freude, mit der wir die Einladung annahmen, denn sie bedeutete, daß wir einen wenn auch nur geringen Beitrag zu diesem Wiederaufbau würden leisten können.

Wir wußten, daß wir etwas besaßen, mit dem wir uns an der Antwort auf diese Herausforderung beteiligen konnten. Hätten wir es nicht gehabt, gäbe es keine Erklärung dafür, daß wir die Einladung annahmen. Aber vor allem wußten wir, daß die Hilfe, um die man uns bat, nur dann eine echte Hilfe sein würde, wenn wir uns nicht als die ausschließ-

* Partido africano para a independência da Guiné e Cabo Verde (Afrikanische Partei für die Unabhängigkeit von Guinea und den Kapverdischen Inseln).

lichen Subjekte dieser Hilfe betrachteten und damit die Einheimischen zu bloßen Objekten machten. Authentisch – das kann man nicht oft genug sagen – ist nur die Hilfe, bei der die Beteiligten sich gegenseitig helfen und zusammen an Größe gewinnen in dem gemeinsamen Bestreben, die Realität zu erkennen, die sie verändern wollen. Denn nur in einer solchen Praxis, in der die Helfer und die, denen geholfen wird, sich gleichzeitig gegenseitig helfen, verkehrt sich der Akt der Hilfe nicht in Herrschaft des Helfers über den, dem geholfen wird. Deshalb gibt es keine wirkliche Hilfe zwischen herrschenden und beherrschten Klassen, zwischen den »imperialistischen« Gesellschaften und den sogenannten abhängigen, de facto beherrschten Gesellschaften. Diese interdependenten Beziehungen können nur durch eine Analyse der Klassenverhältnisse verständlich gemacht werden.

Deshalb würden wir als Mitglieder eines ausländischen Teams für technische Hilfe nur dann wirkliche Zusammenarbeit – und wäre sie noch so minimal – bieten können, wenn wir uns als Kämpfer und nicht als »neutrale« Experten an die Aufgabe machten.

Unser politischer Standort und unsere daraus resultierende Praxis verboten uns, auch nur im entferntesten daran zu denken, in Genf ein Projekt zur Erwachsenenalphabetisierung auszuarbeiten, elegant in 1.1, 1.2, 2.1, 2.2 unterteilt, um es dann wie ein großzügiges Geschenk nach Guinea Bissau mitzunehmen. Dieses Projekt mußte ebenso wie die Grundlagen für unsere Mitarbeit an Ort und Stelle aus den Überlegungen der einheimischen Erzieher entsprechend der gesellschaftlichen Praxis des Landes entstehen. Unser Beitrag zum Entwurf des Projektes und seiner praktischen Realisierung würde von unserer Fähigkeit abhängen, bessere Kenntnis der guineischen Realität zu gewinnen und unser Wissen über den Befreiungskampf und die von der PAIGC in den bereits früher befreiten Gebieten realisierten Projekte zu vertiefen. Zu diesem Zweck würden wir uns der Lektüre des gesamten uns zugänglichen Materials unter besonderer Berücksichtigung der Schriften von Amilcar Cabral widmen müssen. Diese in Genf geleisteten Studien würden bei unserem ersten Besuch in Guinea vor Ort ergänzt und bei den späteren Besuchen fortgesetzt, sofern unsere Mitarbeit für einen relativ langen Zeitraum beschlossen würde. Bei den späteren Besuchen würden wir vor allem mit den guineischen Erziehern in Auswertungsseminaren über ihre eigene Praxis nachdenken. Wir gingen also von einer radikalen Position aus: wir lehnten jede Art von »fertig abgepackter« oder vorfabrizierter Lösung und jede Art von offener oder geschickt verbrämter kultureller Invasion entschieden ab.

Unser politischer Standort und die daraus folgende Praxis verboten uns auch, nur im entferntesten daran zu denken, wir könnten die guineischen Erzieher und Lernenden etwas lehren, ohne gleichzeitig mit ihnen zu lernen. Wenn jede Dichotomie zwischen Lehren und Lernen eine Herrschaftsideologie beinhaltet – woraus folgt, daß der Lehrende sich weigert, zusammen mit seinen Schülern zu lernen – so muß, wer etwas lehren soll, in bestimmten Fällen zunächst einmal lernen, um dann, wenn er zu lehren beginnt, weiter zu lernen.

Eine solche Erfahrung – zuerst lernen, dann lehren und weiter lernen – hatten wir, vor allem Elza und ich, in Chile gemacht, wo wir bei unseren ersten Begegnungen mit chilenischen Lehrern mehr zuhörten als sprachen, und wenn wir sprachen, dann nur, um unsere Praxis in Brasilien mit ihren Negativa und Positiva zu beschreiben und nicht, um sie den chilenischen Lehrern vorzuschreiben. Indem wir mit ihnen, den Feld- und Fabrikarbeitern lernten, war es uns möglich, auch zu lehren. Wenn wir etwas, was wir in Brasilien gemacht hatten, auf die gleiche Weise in Chile wiederholten, dann war es eben gerade dies, daß wir zum einen nicht das Lehren vom Lernen trennten und zum anderen nicht versuchten, dem chilenischen Kontext das überzustülpen, was wir auf andere Weise in den verschiedenen brasilianischen Kontexten gemacht hatten. Projekte dieser Art können nicht übertragen werden, sie müssen jeweils neu entstehen. Und weil wir dies so gut wußten, war während der gesamten Zeit, in der wir uns im Team auf unseren ersten Besuch in Guinea Bissau vorbereiteten, eine unsere größten ständigen Sorgen, uns vor der Versuchung zu hüten, diesem oder jenem Aspekt des einen oder anderen Projektes, an dem wir mitgearbeitet hatten, universelle Gültigkeit beizumessen. Deshalb mußte die im übrigen notwendige Analyse unserer früheren Versuche wie auch die Analyse von anderen Projekten, die in anderen Kontexten von anderen Leuten realisiert worden waren, auf ein noch kritischeres Verständnis des politischen und ideologischen Charakters der Erwachsenenalphabetisierung im besonderen und des Erziehungswesens im allgemeinen abheben; auf ein Verständnis der Beziehungen zwischen Erwachsenenalphabetisierung und Erwachsenenbildung (Erziehung im allgemeinen) einerseits und der Produktion und den Zielen des geplanten gesamtgesellschaftlichen Systems andererseits; und auch der Beziehungen zwischen Alphabetisierung und dem Erziehungssystem des Landes. Auf ein kritisches Verständnis der Rolle, die die Erwachsenenalphabetisierung in einer Gesellschaft wie der guineischen spielen konnte, deren Volk direkt oder indirekt von dem Befreiungskampf betroffen war, den Amilcar Cabral als »kulturellen Tatbestand und kulturelle Triebkraft« bezeichnet hat und dessen politisches Bewußtsein durch eben diesen Kampf geboren worden war. Ein Volk, das rein linguistisch gesehen eine hohe Analphabetenquote (90 %) aufweist, das aus politischer Sicht jedoch in hohem Maße »gebildet« ist, im Gegensatz zu gewissen scheinbar gebildeten »Gemeinwesen«, die politisch gesehen jedoch schändliche »Analphabeten« sind.

Während der gesamten Zeit, in der wir uns auf unseren ersten Besuch in Guinea vorbereiteten, war dies ein ständiges Thema unserer Seminare, in denen wir übrigens niemals einen offiziellen Leiter hatten. Es beschäftigte auch jeden einzelnen von uns, wenn wir, jeder für sich, über unsere Mitarbeit in Guinea Bissau nachdachten. Deshalb haben wir auch niemals Methoden und Techniken der Erwachsenenalphabetisierung an sich studiert, sondern uns nur mit Methoden und Techniken im Dienste und im Zusammenhang mit einer bestimmten, in die Praxis umgesetzten Erkenntnistheorie beschäftigt, die ihrerseits einem bestimmten politischen Standort entspricht. Wenn der Lehrende einen revolutionären Standpunkt vertritt und wenn seine Praxis mit seiner politischen Haltung übereinstimmt, bedeutet dies also, daß der Lehrende in der Erwachsenenalphabetisierung als Erkenntnisakt eines der Subjekte dieses Aktes ist. Dem Lehrenden stellt sich hierbei die Aufgabe, nach den besten Mitteln und Wegen zu suchen, die es dem Lernenden ermöglichen, im Alphabetisierungsprozeß die Rolle des Subjektes der Erkenntnis auszuüben. Der Lehrende muß ständig aufs neue diese Mittel und Wege ersinnen, die die fortschreitende Problematisierung des Objektes ermöglichen, das von den Lernenden herausgearbeitet und schließlich begriffen werden soll. Es ist nicht seine Aufgabe, sich dieser Mittel und Wege zu bedienen, um ganz allein das Objekt freizulegen und es danach in väterliche Güte den Lernenden zu überreichen, denn damit würde er ihnen die für den Erkenntnisakt unerläßliche Mühe des Suchens verweigern. In dem durch das herauszuarbeitende Objekt vermittelten Verhältnis zwischen Lehrendem und Lernendem kommt es nämlich nicht auf brillante Vorträge des Lehrenden über das Objekt, sondern auf die kritische Auseinandersetzung mit dem Objekt an. Und selbst wenn in diesem Verhältnis, in dem Lehrender und Lernende sich neugierig dem Objekt ihrer Analyse nähern, die Lernenden einige für den Fortgang der Analyse unbedingt notwendige Informationen benötigen – denn erkennen heißt nicht erraten – muß dieser Information eine gewisse Problematisierung vorangehen. Sonst ist diese Information nicht mehr ein wesentliches Moment des Erkenntnisaktes, sondern wird nur noch von dem Lehrenden an die Lernenden weitergereicht.

Dies ist einer der Gründe, weshalb ich mich seit Beginn meiner Tätigkeit in der Erwachsenenalphabetisierung bemüht habe, ohne Elementarfibeln zu arbeiten*. Nur ohne Fibeln, wohlgemerkt, und nicht ohne andere Materialien, die den Lernenden helfen können, das Behalten und Vertiefen des Gelernten zu üben, wenn sie zum Beispiel mit fortschreitender Beherrschung der Sprache beim Aufgliedern der generativen Wörter beginnen, durch Kombinieren von Silben neue generative Wörter zu bilden. Solches Material, das den Lernprozeß als schöpferischen Prozeß unterstützt, habe ich immer verteidigt.

Dies ist aber leider bei den Fibeln nicht der Fall, selbst bei solchen nicht, deren Verfasser in dem größten Bemühen, den »Spendencharakter« der Fibeln zu vermeiden, den Lernenden einige Möglichkeiten anbieten, selbst Wörter zu bilden und kleine Texte zu verfassen.

In Wirklichkeit ist ein großer Teil der Anstrengungen, die die Lernenden vor allem beim Bilden ihrer eigenen Wörter leisten müßten, in den Fibeln bereits vom Verfasser oder von der Verfasserin vollzogen. Statt bei den Lernenden Wißbegier zu stimulieren, verstärken die Fibeln also ihre passive rezeptive Haltung, was dem kreativen Charakter des Erkenntnisaktes widerspricht.

Dies scheint mir eines der Probleme zu sein, mit dem sich eine revolutionäre Gesellschaft, die die Erziehung als Erkenntnisakt begreift, auseinandersetzen muß: das Problem nämlich, immer wieder schöpferisch und erfinderisch zu sein, die Rolle zu erfüllen, die der Erkenntnisakt von seinen Subjekten verlangt; das Problem, wißbegierig dem Objekt gegenüberzutreten, unabhängig davon, an welchem Punkt des Erkenntniszyklus die Subjekte sich gerade befinden, sei es, daß sie das bereits vorhandene Wissen zu erkennen versuchen, sei es, daß sie das neue Wissen herauszuarbeiten sich bemühen, wobei dies im übrigen nicht einfach voneinander zu trennen ist. Die Trennung dieser Momente reduziert das Erkennen des vorhandenen Wissens auf ein rein »bürokratisches« Weiterreichen. Die Schule, gleich welcher Art, wird zu einem »Markt des Wissens«, der Lehrer zu einem Superexperten, der »verpacktes Wissen« verkauft und verteilt und der Schüler zu einem Kunden, der dieses Wissen kauft und »verzehrt«. Wenn dagegen der Lehrende sich in diesem Prozeß nicht »bürokratisiert«, sondern seine Neugier lebendig erhält, erarbeitet er sich das Objekt von neuem im gleichen Maße, wie die Lernenden es sich erarbeiten, und erkennt nicht selten auf diese Weise neue Dimensionen, die er zuvor nicht wahrgenommen hatte.

In der Tat ist es unerläßlich, daß lernende Lehrende und lehrende Ler-

* Siehe hierzu Paulo Freire, Erziehung als Praxis der Freiheit, Reinbek 1977, sowie Paulo Freire, Ação Cultural para a Liberdade und andere Schriften, Paz e Terra, Rio de Janeiro.

nende sich ständig in der Verweigerung der »Bürokratisierung« üben, die jede Kreativität zunichte macht und sie nur Klischees wiederholen läßt. Je stärker sie sich bürokratisieren lassen, um so eher laufen sie Gefahr, verfremdet in der Alltäglichkeit verhaftet zu bleiben und keinen Abstand mehr nehmen zu können, um die Ursachen dieser Alltäglichkeit zu begreifen.

Der Lehrende muß unbedingt die Kohärenz zwischen seinem politisch-revolutionären Standort und seiner Praxis wahren, um seine »Bürokratisierung« zu verhindern. Je eifriger er über diese Kohärenz wacht, um so glaubhafter wird er in seiner Militanz und um so weniger läßt er sich in die Rolle des neutralen Technikers oder Experten auf diesem oder jenem Gebiet drängen.

Als Militante und nicht als neutrale Experten oder kühle Techniker nahmen wir also, wie gesagt, die Einladung der Regierung von Guinea Bissau an, und unter diesen Bedingungen fand im September des vergangenen Jahres unser erster Besuch in Guinea statt. Deshalb verließen wir Genf in der Bereitschaft, zu sehen und zu hören, zu fragen und zu diskutieren, ohne in unserem Handgepäck irgendwelche Rettungspläne oder halbfertig vorbereitete Berichte mitzunehmen.

Im Team hatten wir in Genf erörtert, wie wir in Guinea Bissau am besten sehen und hören, fragen und diskutieren könnten, woraus dann das Programm für unsere Mitarbeit entstehen sollte. Ein Programm, das jedoch dort in Guinea im Dialog mit den Einheimischen über ihre Realität, ihre Bedürfnisse und unsere Möglichkeiten entstehen sollte und nicht in Genf, von uns für sie angefertigt.

Da wir die Erwachsenenalphabetisierung niemals für sich allein genommen und auf das rein mechanische Erlernen von Lesen und Schreiben reduziert hatten, sondern sie als einen politischen Akt begriffen, der in direkter Verbindung zur Produktion, dem Gesundheitswesen, dem Regelschulsystem und zu dem noch zu schaffenden gesamtgesellschaftlichen System steht, mußten wir mit unserem Sehen und Hören, Fragen und Diskutieren zwar beim Erziehungsministerium beginnen, jedoch damit bei anderen Ministerien und der Partei einschließlich ihrer Massenorganisationen fortfahren. Deshalb unterteilte unser Arbeitsplan für unseren ersten Besuch, den wir in Genf nur in groben Zügen skizziert und erst in Bissau zusammen mit den Guineern richtig ausgearbeitet haben, unseren Aufenthalt im Lande in drei Hauptabschnitte, die allerdings niemals ganz streng voneinander zu trennen waren.

Erster Hauptabschnitt

Im ersten Abschnitt, in dem wir sehen und hören, fragen und diskutieren wollten, nahmen wir zunächst in Bissau mit den verschiedenen Arbeitsgruppen des Erziehungsministeriums und nicht nur mit der gerade geschaffenen Abteilung für Erwachsenenbildung Kontakt auf.

Wir mußten die zentralen Probleme kennenlernen und erfahren, wie man sie im Primar- und Sekundarbereich des Erziehungswesens zu lösen versuchte, welche Veränderungen in dem von der Kolonialmacht hinterlassenen allgemeinen Schulsystem bereits eingeführt worden waren und welche dieser Neuerungen allmählich eine radikale Veränderung dieses Systems bewirken konnten, indem sie eine neue Erziehungspraxis schufen, als Ausdruck einer neuen Erziehungskonzeption, die mit dem Gesellschaftssystem in Einklang steht, das die Partei und die Regierung zusammen mit dem Volk aufbauen wollen.

Denn das koloniale Erziehungssystem, ein diskriminierendes, mittelmäßiges, rein verbales System, dessen eines Hauptziel die »Entafrikanisierung« der Einheimischen war, konnte dem nationalen Wiederaufbau in keiner Weise dienen, denn dafür war es nicht geschaffen worden. Die Kolonialschule – die Grundschule, das Gymnasium und die daneben getrennt existierende Gewerbeschule – war mit ihren antidemokratischen Zielen, Inhalten und Methoden – die alle nichts mit der Wirklichkeit des Landes zu tun hatten – gerade deshalb eine Schule für Wenige und damit gegen die große Mehrheit gerichtet. Selbst die kleine Minderheit, die Zugang zu ihr hatte, unterlag der Selektion. Ein großer Teil der Schüler wurde nach den ersten Kontakten mit der Schule ausgeschlossen, durch weiteres selektives Filtern nahm die Zahl der Relegierten ständig zu. Dies hatte zur Folge, daß sich in den Ausgeschlossenen das Gefühl der Minderwertigkeit und der Unfähigkeit angesichts ihres »Versagens« nur noch verstärkte*.

Durch Reproduktion der kolonialistischen Ideologie versuchte sie – wie könnte es auch anders sein – die Kinder und Jugendlichen zu dem zu formen, was sie in ihrer Ideologie waren: minderwertige, unfähige Wesen, deren einzige Rettung darin lag, »Weiße« oder »Schwarze mit weißer Seele« zu werden**. Daher die Verachtung, die diese Schule zwangsläufig für alles haben mußte, was einheimisch war, was die sogenannten Eingeborenen betraf. Mehr als Verachtung, die Negation all dessen, was wahrhafter Ausdruck der Wesensart der Einheimischen war:

* Siehe hierzu die Kritik von Julius Nyerere an der Kolonialschule in Tansania in seinem exzellenten »Education for Self-reliance«.

** Siehe Frantz Fanon, Die Verdammten dieser Erde, Reinbek 1969. Albert Memmi, Portrait du colonisé, précédé du portrait du colonisateur, Paris 1966.

ihre Geschichte, ihre Kultur, ihre Sprache. Die Geschichte der Kolonisierten »begann« mit der Ankunft der Kolonisatoren, mit ihrem »zivilisatorischen« Wirken; die Kultur der Kolonisierten war Ausdruck ihres barbarischen Weltbildes. Kultur war nur die Kultur der Kolonisatoren. Die Musik der Kolonisierten, ihr Rhythmus, ihr Tanz, ihre Feste, die Leichtigkeit in der Bewegung ihrer Körper, ihre Kreativität im allgemeinen, nichts davon war etwas wert. All dies galt es zu unterdrücken und an seine Stelle die Werte des Mutterlandes, genaugenommen die Werte der herrschenden Klasse des Mutterlandes, zu setzen.
Aus all diesen Gründen existiert für die Kolonisierten, die die entfremdende Erfahrung der Kolonialschule erlebt haben, das »Positive« an dieser Erziehung oder einiger ihrer Aspekte nur dann, wenn sie sich unabhängig machen und damit diese Erziehung überwinden. Wenn sie sich zusammen mit ihrem Volk auf ihre Geschichte besinnen und sich der »Entkolonialisierung des Geistes« anschließen, von der Aristides Pereira spricht und deren Fortsetzung das ist, was Amilcar Cabral »Reafrikanisierung der Mentalität« genannt hat. Und dies impliziert die radikale Veränderung des von der Kolonialmacht hinterlassenen Schulsystems, die jedoch nicht auf mechanischem Wege vollzogen werden kann. Diese radikale Veränderung schließt grundsätzlich eine politische Entscheidung ein, die ihrerseits dem Gesellschaftssystem entspricht, das geschaffen werden soll, und es sind bestimmte materielle Bedingungen notwendig, auf denen sie aufbauen und die sie gleichzeitig stimulieren kann. Sie verlangt nicht nur die unbedingt notwendige Steigerung der Produktion, sondern auch deren Neuorientierung und dazu eine andere Distributionskonzeption. Sie verlangt eine politische Eindeutigkeit in der Bestimmung dessen, was, wie, wofür und für wen produziert wird. Eine radikale Veränderung, selbst wenn sie entsprechend den neuen materiellen Bedingungen nur zaghaft initiiert wird, ruft im Hinblick auf einen ihrer wesentlichen Aspekte – Überwindung der Dichotomie von Kopfarbeit-Handarbeit – seitens der alten noch lebendigen Ideologie zwangsläufig Widerstand gegen die Schaffung der neuen Gesellschaft hervor.
Es liegt auf der Hand, daß sich hier die gleichen ideologischen Widerstände regen wie bei der Überwindung der falschen Auffassung, nach der Wissen etwas Abgeschlossenes, Fertiges ist, und die im Lehrer den »Besitzer« dieses »fertigen Wissens« sieht, der es an den Schüler weiterreicht, der es nicht besitzt. Manchmal – und das ist noch schlimmer – richtet sich dieser Widerstand nicht gegen ein intellektuell richtiges Verständnis von Wissen, sondern gegen die diesem Verständnis entsprechende Praxis. Deshalb muß zur radikalen Veränderung des kolonia-

len Schulsystems gleichzeitig an der Veränderung sowohl seiner inneren Struktur als auch der darin herrschenden Ideologie gearbeitet werden. Die Produktionsform muß neu organisiert werden, und die Arbeiter sind kritisch in eine neue Form der Erziehung einzubeziehen, in der sie nicht für die Produktion »dressiert« werden, sondern aufgerufen sind, den eigentlichen Arbeitsprozeß zu begreifen.

Eine weitere Aufgabe bei der Veränderung des kolonialen Schulsystems wird die Ausbildung neuer Kader für das Erziehungswesen und die Umschulung der alten Kader sein. Es wird, vor allem unter den alten Kadern, den einen oder den anderen geben, der sich als von der alten Ideologie »besessen« erkennt und die neue lediglich übernimmt, um dann bewußt oder unbewußt die neue Praxis zu untergraben. Von diesen Menschen ist nichts Positives für den nationalen Wiederaufbau zu erwarten. Aber es wird auch solche geben, die sich als durch die alte Ideologie »einvernahmt« erkennen und sich ihrer in der neuen Praxis allmählich entledigen. Mit diesen kann man arbeiten. Die letzteren sind jene, die den »Klassenselbstmord« akzeptieren und auch begehen; die ersten werden ihn verweigern.

Über die Rolle der Kleinbourgeoisie im nationalen Befreiungskampf sagte Amilcar Cabral: »Um diese Ziele (der nationalen Befreiung) nicht zu verraten, gibt es für die Kleinbourgeoisie nur einen Weg: ihr revolutionäres Bewußtsein zu verstärken, den Versuchungen der Verbürgerlichung und den natürlichen Anfechtungen ihrer Klassenmentalität zu widerstehen, sich mit der Arbeiterklasse zu identifizieren und sich nicht dem normalen Entwicklungsprozeß der Revolution zu widersetzen. Dies bedeutet, daß die revolutionäre Kleinbourgeoisie, um die Rolle voll zu erfüllen, die ihr im nationalen Befreiungskampf zukommt, fähig sein muß, als Klasse Selbstmord zu begehen, um als revolutionäre Arbeiter wieder hervorzugehen, die sich vollständig mit den tiefsten Wünschen des Volkes, zu dem sie gehören, identifizieren.«

»Diese Alternative,« fährt Cabral fort, »die Revolution zu verraten oder als Klasse Selbstmord zu begehen, macht das Dilemma aus, in dem sich die Kleinbourgeoisie im allgemeinen Rahmen des nationalen Befreiungskampfes befindet.«*

Diese Alternative stellt sich auch heute noch in sämtlichen Bereichen des Kampfes um den nationalen Wiederaufbau, der ja die Fortsetzung des Befreiungskampfes ist. Man wird in der Diskussion über die Erwachsenenalphabetisierung nicht umhin können, sich mit den hier summa-

* Amilcar Cabral, Die Revolution der Verdammten, Berlin 1974, S. 5.

risch umrissenen Problemen auseinanderzusetzen. Dies bedeutet natürlich nicht, daß die Erwachsenenalphabetisierung erst beginnen sollte, nachdem das koloniale Schulsystem radikal verändert worden ist. Es bedeutet allerdings, daß mit wachsender Entschiedenheit und steigendem Tempo auf das Ziel einer radikalen Veränderung und nicht etwa nur einer Reform dieses Systems hingearbeitet werden muß.

Die Auseinandersetzung mit diesem grundlegenden Problem – das von der Kolonialmacht hinterlassene Schulsystem – mußte uns in unseren Gesprächen mit den Arbeitsgruppen des Erziehungsministeriums zwangsläufig dazu führen, ein weiteres Erbe, nämlich das Erbe aus dem Befreiungskrieg, zu analysieren. Dieses Erbe zeigt sich in Gestalt zahlreicher großartiger Arbeiten, die in den ehemals sogenannten befreiten Gebieten des Landes unter der Führung der PAIGC auf dem Produktions- und Distributionssektor mit den »Volksläden« sowie in der Rechtssprechung, dem Gesundheitswesen und dem Erziehungswesen geleistet wurden.

Wir mußten vor allem erfahren, wie die nationalen Arbeitsgruppen das Erbe des Krieges einordneten, wenn sie sich mit der Veränderung des kolonialen Schulsystems befaßten. Denn das neue System wird keine geglückte Synthese aus den beiden Erben sein können, sondern eine in jeder Hinsicht verbesserte Vertiefung dessen, was in den befreiten Gebieten geleistet wurde, in denen sich eine ausgesprochene Volkserziehung und keine elitäre Erziehung entwickelt hat*. Getragen von der Bevölkerung, soweit diese die Guerilleros unterstützte, war hier

* »Diese Erziehungsarbeit im Inneren des Landes hat mit der Beschulung einer großen Zahl von Kindern ab 10 Jahren bedeutende Erfolge erzielt. (Das Mindestalter für die Teilnahme am Grundschulunterricht war aufgrund des Krieges auf 10 Jahre festgesetzt. Im Schuljahr 1971/72 verfügte die PAIGC in den befreiten Gebieten über insgesamt 164 Schulen, in denen 258 Lehrer 14 531 Personen unterrichteten.) Später wurden die besten Schüler für den Besuch von Internaten der Partei in benachbarten Ländern im Rahmen des Instituto da Amizade ausgewählt. Außerdem kümmerte sich die PAIGC unter Berücksichtigung der Erfordernisse des nationalen Wiederaufbaus und ungeachtet des Kriegszustandes, der sie zur militärischen Ausbildung vieler Jugendlicher zwang, ganz besonders um die Ausbildung von mittleren und Führungs-Kadern. Hierin erhielt sie die Unterstützung befreundeter Länder, so daß während der Jahre des Kampfes eine wesentlich höhere Zahl von Guineern eine akademische Ausbildung erhielt als während der Zeit der portugiesischen Besetzung. Innerhalb von 10 Jahren bildete die PAIGC viel mehr Führungskräfte aus als der Kolonialismus in 5 Jahrhunderten.« (»In 10 Jahren – von 1963 bis 1973 – wurden folgende Kader der PAIGC ausgebildet: 36 Akademiker, 46 Absolventen von Technikerschulen, 241 Absolventen von berufsbildenden und Fachschulen und 174 politische und gewerkschaftliche Kader. Im Gegensatz dazu erhielten in der Zeit von 1471 bis 1961 nur 14 Guineer eine akademische Ausbildung und 11 eine technische Fachausbildung.« Luiza Teotónio Pereira, Luis Motta, Guiné Bissau – 3 anos de Independência, Edição CIDAC-C, Coleção África em luta, Lisboa 1976, S. 106 ff.

entsprechend den konkreten Erfordernissen des Befreiungskrieges eine Arbeiterschule entstanden, die direkt an die Produktion gekoppelt war und für die politische Bildung der Lernenden sorgte, und in der die Kinder auch lernen mußten, die Vernichtungsangriffe der feindlichen Flugzeuge zu überleben.
Diese Erziehung war einerseits Ausdruck der solidarischen Atmosphäre, die durch den Kampf entstand, andererseits stimulierte sie diese Solidarität; gleichzeitig bemühte sie sich unter Einbeziehung des dramatischen Kriegsgeschehens um eine Besinnung auf die wahre Vergangenheit des Volkes und kämpfte für seine Zukunft.
Hier wie auf allen anderen Ebenen des Befreiungsprozesses von Guinea Bissau zeigt sich der prophetische Weitblick Amilcar Cabrals, seine Fähigkeit, die Realität des Landes zu analysieren, sie niemals zu verleugnen, die Fähigkeit, immer vom tatsächlichen Zustand der Realität auszugehen und nicht von einer Realität, wie er sie gern gesehen hätte; die Fähigkeit, Mißstände anzuprangern und Neues zu verkünden. Das Anprangern von Mißständen und das Verkünden von Neuem waren jedoch bei Amilcar Cabral niemals voneinander getrennt, wie sie auch niemals den Boden der revolutionären Praxis verließen. Die Anprangerung der Unterdrückung, der Ausbeutung, der kolonialistischen Farce, die eben diese Ausbeutung zu verschleiern suchte, ebenso wie der Entwurf der neuen Gesellschaft, die durch revolutionäre Veränderung inmitten der alten Gesellschaft entstehen würde, geschah bei ihm, wie auch bei seinen Genossen, in der Praxis des Kampfes. Bei Cabral, einem Mann, dessen politisches Selbstverständnis und Praxis vollkommen übereinstimmten, war das Wort die dialektische Einheit von Denken und Handeln, von Theorie und Praxis. Deshalb hat er sich niemals weder zu leerem Gerede noch zu bloßem Aktivismus verleiten lassen.
Seine politische Eindeutigkeit, die Kohärenz zwischen seiner Überzeugung und seiner Praxis haben ihn Spontaneismus wie auch Manipulation gleichermaßen ablehnen lassen. Für ihn gab es weder zersplitterte Volksmassen, die, ohne aufklärende, mobilisierende, organisierende und richtungweisende revolutionäre Partei sich allein überlassen, dem Lauf der Ereignisse folgen, noch eine Avantgarde als »Besitzer« der Volksmassen. Für ihn gab es weder Laisser-faire noch bürokratischen Autoritarismus; weder eine Avantgarde, die den Volksmassen hinterherläuft und sich im »Staub« verliert, die diese aufwirbeln, noch eine Avantgarde, die den Volksmassen zu weit vorausläuft, so daß sie sich in ihrem »Staub« verlaufen. Für ihn gab es nur beide zusammen, die gemeinsam im Befreiungskampf voneinander und miteinander lernen.
So wie Che Guevara und Fidel Castro stand auch Amilcar Cabral

immer in Verbindung zu seinem Volk, dessen Vergangenheit er so gut kannte und in dessen Gegenwart er so tief verwurzelt war – in der Gegenwart des Kampfes, dem er sich ohne Einschränkung hingegeben hat. So konnte Cabral vorsorgen und vorausschauen. Deshalb gab es in jedem Heute, das er intensiv erlebte, immer einen möglichen Traum, etwas historisch Machbares, an dem zu schmieden noch im gleichen Heute begonnen werden mußte.

»Wir sterben nicht«, sagte er einmal zu Kämpfern, mit denen er über die magische Kraft von Amuletten sprach, »wenn wir keinen Krieg führen oder den Feind da angreifen, wo er schwach ist. Wenn wir Fehler machen, wenn wir uns selbst Blößen geben, dann sterben wir, das steht fest. Ihr werdet mir sagen: ›Cabral weiß das nicht, aber wir haben verschiedene Fälle erlebt, in denen ein Amulett tatsächlich unsere Kameraden vor dem Tod bewahrt hat; die Kugeln kamen angeflogen und prallten wieder ab‹. Ihr könntet so etwas sagen; ich hoffe aber, daß die Kinder unserer Kinder, wenn sie solche Geschichten hören und mit Freude vernehmen, daß die PAIGC den Kampf entsprechend der Realität ihres Landes zu führen wußte, auch sagen werden: ›Unsere Väter haben wahrhaftig hart gekämpft, aber sie glaubten an merkwürdige Dinge.‹ Was ich euch hier sage, mag jetzt sinnlos scheinen; ich spreche für die Zukunft . . .«*

Amilcar Cabral wußte, daß die Kanonen allein nicht den Krieg ausmachten und daß der Krieg entschieden wird, wenn in seinem Verlauf aus der Schwäche der Unterdrückten eine Stärke wird, die in der Lage ist, die Stärke der Unterdrücker in Schwäche zu verwandeln. Daraus erklärt sich seine ständige Mühe, seine geduldige Ungeduld, mit der er sich unermüdlich der politischen und ideologischen Schulung der Kämpfer widmete, gleich, auf welcher Ebene und in welchem Bereich sie eingesetzt waren. Deshalb kümmerte er sich mit besonderer Aufmerksamkeit um die Erziehungsarbeit in den befreiten Gebieten und besuchte in liebevoller Fürsorge, bevor er in den Kampf zog, die Kinder in den Schulen, spielte mit ihnen ihre Spiele und fand immer ein passendes Wort für sie, die »Blüten unserer Revolution«, wie er sie nannte.

Wir waren nicht überrascht, mit welcher Klarheit insgesamt all diese Probleme von den guineischen Arbeitsgruppen in Anwesenheit des Erziehungsministers, der sich als einer der ihren betrachtet, analysiert wurden. Sie alle waren sich voll bewußt, was es bedeutet, eine Gesellschaft neu zu schaffen. Und sie waren sich der Hindernisse bewußt, denen es

* Amilcar Cabral, Unité et Lutte I, L'arme de la théorie, Cahiers Libres, Maspéro, Paris 1975, S. 200 f.

täglich zu begegnen galt, angefangen vom Fehlen des einfachsten Materials – einer simplen Schreibmaschine etwa – bis hin zu der dringenden Notwendigkeit, auf den verschiedensten Gebieten Führungskräfte auszubilden, um ihre Pläne zu realisieren.

Uns wurde klar, daß der Minister Mário Cabral genau wußte, welche Bedeutung die umfangreiche Erziehungsarbeit besaß, die während des Krieges geleistet worden war und daß er ebenso die Notwendigkeit sah, das koloniale Schulsystem radikal zu verändern, wohl wissend, daß dies nicht von heute auf morgen erreicht werden konnte. Mário Cabral wußte – und aufgrund seiner militanten Praxis an der Spitze des Erziehungsministeriums wird ihm dies von Tag zu Tag klarer –, daß das Verhältnis zwischen dem Erziehungssystem und der Gesellschaft kein mechanisches, sondern ein dialektisches Verhältnis ist. Indem er begriff, daß der formalen Erziehung als Subsystem eines größeren Systems Grenzen gesetzt sind, begriff er auch, welch fundamentale Rolle sie für die Herausbildung einer neuen Mentalität spielt, die mit den Zielen der neu zu schaffenden Gesellschaft übereinstimmt. Eine fundamentale Rolle, die jedoch nur dann zu erfüllen ist, wenn man von den sozialen Gegebenheiten des Landes ausgeht und nicht etwa eine Erziehung anstrebt, die der zukünftigen, noch im Werden begriffenen Gesellschaft entspräche. Ein solcher höchst idealistischer Versuch könnte, eben weil er idealistisch wäre, nicht verwirklicht werden. So entschied Mário Cabral sich zum Beispiel dafür, nicht die alten von der Kolonialmacht hinterlassenen Grund- und weiterführenden Schulen für die Zeit der Neuorientierung des Schulsystems abrupt zu schließen oder etwa unmögliche Maßnahmen anzuordnen, sondern das alte System grundlegend zu reformieren, um später entsprechend der veränderten materiellen Basis der Gesellschaft die radikale Veränderung des Erziehungssystems beschleunigt vorantreiben zu können.

Von daher war es zwingend notwendig, die Lehrpläne für den Unterricht in Geographie, Geschichte und portugiesischer Sprache neu zu formulieren und gleichzeitig die mit kolonialistischer Ideologie durchsetzten Lektüretexte durch andere zu ersetzen. Die guineischen Schüler mußten vorrangig ihre eigene und nicht die portugiesische Geographie studieren, sich mit den Meeresarmen und dem Klima ihres eigenen Landes und nicht mit dem portugiesischen Tejo-Fluß beschäftigen. Sie mußten ihre eigene Geschichte studieren, die Geschichte des Widerstandes ihres Volkes gegen die Invasoren, die Geschichte des Befreiungskampfes, der ihrem Volk das Recht zurückerobert hat, seine eigene Geschichte zu machen, und nicht die Geschichte der Könige von Portugal und der Intrigen am portugiesischen Hof. Die guineischen Schüler sollten nicht zu

»Übungen im Modellieren in Lehm des einseitig blinden Dichters mit einem Lorbeerkranz«* aufgerufen werden, sondern dazu, sich am nationalen Wiederaufbau zu beteiligen. Gerade deshalb war es notwendig, mit der Suche nach Wegen zu beginnen, die eine erste, wenn auch anfänglich nur zögernde Kontaktaufnahme zwischen den Oberschülern von Bissau und dem Produktionssektor herbeiführen konnten.

Einer dieser Wege, von denen der Minister Mário Cabral uns erzählte, war das Projekt »Die Schule auf's Land«. Es bestand darin, für einen gewissen Zeitraum die städtischen Schulen mitsamt Lehrern und Schülern in ländliche Gebiete auszusiedeln, wo Lehrer und Schüler in Lagern lebten, in der Produktion arbeiteten, von den Bauern lernten und diese gleichzeitig auch von ihnen, ohne daß dabei die übrige Schularbeit vollkommen wegfiel.

So waren im Schuljahr 1975 die ersten Versuche unternommen worden – die im folgenden Jahr fortgesetzt werden sollten, was dann auch geschah – die produktive Arbeit in das normale Schulgeschehen mit dem Ziel zu integrieren, Arbeit und Unterricht so miteinander zu verbinden, daß die Arbeit zu der Quelle für den Unterricht würde und beide zu einer Einheit verschmelzen.

Mit fortschreitender Systematisierung und Vertiefung dieser Versuche wird es möglich sein, in immer größerem Umfang aus der produktiven Arbeit die Inhalte vieler Unterrichtsfächer abzuleiten, die im traditionellen System, wenn überhaupt, dann nur verbal »vermittelt« werden.

Von einem bestimmten Augenblick an lernt man nicht mehr, um zu arbeiten, noch arbeitet man, um zu lernen, sondern man lernt bei der Arbeit. Hier realisiert sich die Einheit von Theorie und Praxis. Es sei jedoch betont, daß in der Einheit von Theorie und Praxis nicht etwa die geistige Arbeit in Form von kritischer (theoretischer) Reflexion über die realisierte oder sich realisierende Praxis ausgeschaltet ist, sondern nur die Trennung zwischen beiden. Die Einheit von Theorie und Praxis bildet also die Einheit zwischen der Schule, gleich welcher Ebene, als theoretischem Kontext und der Produktion als Teil des konkreten Kontextes.

Obwohl das Erziehungsministerium bei der Durchführung dieser Versuche auf etliche Schwierigkeiten stieß, zum Teil ideologischer Natur – Widerstand der Schüler, die nicht bereit waren, ihre Hände zu gebrauchen –, zum Teil materieller Art – fehlende Transportmittel

* IV Centenário da Publicação d'Os Lusíadas Comissão das Comemorações na Guiné. Os Lusíadas e a Guiné, Bissau 1972.

zum Beispiel –, lassen sich von den zum damaligen Zeitpunkt dennoch bereits recht positiven Versuchen die folgenden beispielhaft nennen:

- Arbeit am Sonntagvormittag mit 120 Absolventen des Gymnasiums von Bissau in den staatseigenen landwirtschaftlichen Betrieben;
- Mitarbeit von Schülern der beiden letzten Jahrgänge des Gymnasiums von Bissau in der Produktion im Gemüseanbau des Instituto da Amizade;
- Zwei Monate Arbeit in der Viehzucht mit Schülern des 2. Jahrgangs der Salvador-Allende-Schule;
- Anlage von Gärten durch Schüler einer großen Zahl von Grundschulen in der Hauptstadt.

Dazu muß noch gesagt werden, daß die Gymnasialschüler vor und nach ihrem Einsatz in der landwirtschaftlichen Produktion mit Agrarfachleuten, die sie bei ihren Fahrten auf das Land begleiteten, verschiedene praxisbezogene Aspekte diskutierten.

In Auswertungsseminaren, die jeweils nach der Rückkehr vom Lande stattfinden, können sie ihre Auffassung von den im Vorbereitungsseminar diskutierten Punkten bestätigen, vertiefen oder korrigieren.

Und ebenso muß gesagt werden, daß die Landbevölkerung den Besuch der Schüler aus der Stadt mit großer Offenheit akzeptierte und sich bereit zeigte, von ihnen zu lernen und sie von sich lernen zu lassen. Dabei dürften es jedoch die Schüler sein, die in ihrer ersten Begegnung mit der harten Arbeit des Pflügens, Erntens und Produzierens wesentlich mehr gelernt haben.

Diese Versuche wurden nicht nur in Bissau durchgeführt, wo die Schwierigkeiten am größten sind, sondern auch in anderen Teilen des Landes, wo die Bedingungen etwas günstiger liegen. Zur Zeit erstrekken sie sich auf fast alle Schulen, von denen einige sogar über eigenes Land verfügen, wie zum Beispiel das Gymnasium von Bafaté, das zwei Felder besitzt – ganz zu schweigen von den Schulen in den ehemals befreiten Gebieten, die sich weiterhin durch die produktive Arbeit ihrer Schüler und Lehrer selbst versorgen. In der Region Bafaté, dies sei ergänzend erwähnt, besitzen 96 von insgesamt 106 Schulen eigene Felder.

Maßnahmen wie diese, die ergänzt wurden durch die Veranstaltungen des Erziehungsministeriums, wobei man jedoch eine strenge Zentralisierung vermied – zum Zeitpunkt unseres Besuches stützte man sich dabei auf die engagierte Hilfe zweier kubanischer Lehrer – sowie durch die bereits begonnene Ausbildung und Umschulung der Lehrer, kündigten tiefgreifendere Veränderungen an, die zu gegebener Zeit eintreten würden. Inzwischen haben diese Veränderungen bereits eingesetzt; ich werde später noch darauf zurückkommen.

In der Erwachsenenalphabetisierung waren zwei wesentliche Initiativen in Angriff genommen worden – die eine in Verbindung mit den Forças Armadas Revolucionárias do Povo – FARP – (Revolutionäre Volksarmee) und die andere in Verbindung mit dem Erziehungsministerium, das bereits seine Abteilung für Erwachsenenbildung geschaffen hatte.
Es gab jedoch Bestrebungen, unter Beibehaltung gewisser spezifischer Eigenheiten diese beiden Initiativen miteinander zu vereinen, um den Erfolg des nationalen Programms sicherzustellen.
Wichtig ist, daß sowohl die FARP als auch das Erziehungsministerium die Alphabetisierung als politischen Akt verstanden, in dessen Verlauf sich die Lernenden mit Hilfe der Lehrenden – Militante die einen wie die anderen – für das kritische Erlernen von Lesen und Schreiben engagieren und nicht nach der mechanischen und verfremdenden Methode arbeiten, die sie nur Silben, Wörter und Sätze wiederholen ließe, die ihnen fertig serviert werden. Eine Position, die sich im übrigen voll mit der unsrigen deckt. Das Problem war also auch nicht die Frage der Methode, sondern die Konkretisierung.
Das wichtige bei der Erwachsenenalphabetisierung ist ja auch nicht, einfach nur Lesen und Schreiben zu lernen, um später Texte zu lesen ohne kritisches Verständnis des sozialen Hintergrundes, auf den sie sich beziehen. An dieser Art von Alphabetisierung sind die herrschenden Klassen interessiert, wenn sie aus verschiedenen Gründen den beherrschten Klassen »die Einführung in die Welt der Schrift« schmackhaft machen müssen. Und je »neutraler« sie in diese Welt »eintreten«, um so besser für die Herrschenden.
Aus revolutionärer Sicht hingegen müssen die Lernenden begreifen, daß das eigentlich Wesentliche darin besteht, Geschichte zu machen und durch sie geformt und neu geformt zu werden und nicht darin, verfremdende Geschichten zu lesen. Selbst auf die Gefahr hin, schematisch vereinfachend zu wirken, würde ich doch sagen, daß im ersten Fall die Schüler niemals aufgefordert werden, über die Ursprünge und Grundlagen ihres Denkens kritisch zu reflektieren; über die Ursachen ihrer eigenen Situation nachzudenken; noch einmal die Realität zu »lesen«, die ihnen als etwas Unveränderliches dargestellt wird, der sie sich nur besser anpassen müssen. Denken und Sprechen sind hier auf absurde Weise von der Objektivität losgelöst; die Introjektionsmechanismen der herrschenden Ideologie werden niemals diskutiert. Wissen ist et-

was, das »konsumiert« und nicht immer wieder von neuem geschaffen werden soll. Analphabetentum gilt einmal als Unkraut, das andere Mal als Krankheit, weshalb auch in diesem Zusammenhang so viel von »Ausrotten« oder »Plage« die Rede ist.

Als unterdrückte Objekte im allgemeinen Kontext der Klassengesellschaft, denen ein eigenes Sein verwehrt wird, bleiben die Analphabeten auch dann Objekte, wenn sie Lesen und Schreiben lernen. Für sie bedeutet dieser Lernvorgang nicht die Aufforderung, ihr durch ihre Praxis gewonnenes Wissen zu erkennen, um mit der Erkenntnis der Begrenztheit dieses Wissens noch mehr zu erkennen. Was ihnen angeboten wird, ist im Gegenteil die passive Rezeption von »fertig verpacktem« Wissen.

In der revolutionären Alphabetisierung dagegen werden die Lernenden zum Denken aufgefordert. Bewußtes Sein ist hier weder eine simple Formel noch ein leeres Schlagwort. Es ist die radikale Seinsform menschlicher Wesen als Wesen, die nicht einfach erkennen, sondern auch wissen, daß sie erkennen. Das Erlernen von Lesen und Schreiben als schöpferischer Akt umfaßt hier notwendigerweise auch das kritische Verständnis der Realität. Das Erkennen ihres bisherigen Wissens, zu dem die Lernenden durch die Analyse ihrer Praxis im sozialen Kontext gelangen, eröffnet ihnen die Möglichkeit zu neuem Wissen: zu einem Wissen, das ihnen durch Überschreiten der Grenzen des bisherigen Wissens die Ursachen für das Vorhandensein der Fakten aufdeckt und damit die falschen Erklärungen dieser Fakten entmystifiziert. Hier gibt es keine Trennung zwischen Sprache und Denken einerseits und objektiver Realität andererseits, so daß die Lektüre eines Textes eben auch die »Lektüre« des sozialen Kontextes verlangt, auf den sich der Text bezieht. In diesem Sinne ist die Erwachsenenalphabetisierung eine Art Einführung in die Systematisierung des Wissens, das die Arbeiter in der Stadt und auf dem Land im Laufe ihrer praktischen Tätigkeit erlangen, die sich ihrerseits niemals durch sich selbst erklärt, sondern durch die Ziele, die sie motivieren. Eine Systematisierung, die in der Nach-Alphabetisierung ihre weitere Vertiefung erfährt. Einer der zentralen Aspekte, die eine revolutionäre Gesellschaft kritisch erarbeiten und begreifen muß, ist neben der Neuorganisierung der Produktionsform die richtige Bewertung und nicht etwa Idealisierung des Volkswissens, zu dem auch die schöpferische Tätigkeit des Volkes gehört, denn dieses Wissen gibt Aufschluß über die Kenntnisse, die das Volk von der Realität besitzt. Nicht die Weitergabe einer bereits ausgearbeiteten Erkenntnis an das Volk ist gefragt, denn damit würde nicht berücksichtigt, was das Volk weiß und vor allem nicht, daß das Volk überhaupt etwas weiß, sondern es ist notwendig, dem Volk in organisierter Form zurückzugeben, was es in nicht organisierter Form zu geben hat*. Mit anderen Worten, es gilt mit dem Volk zu erkennen, auf welche Weise das Volk zu Erkenntnis gelangt und auf welchen Ebenen sich die Erkenntnis vollzieht. Dies bedeutet, durch die kritische Reflexion über seine eigene Praxis, also über die Ziele, die diese Praxis motivieren, das Volk dazu aufzufordern, seine Zufallserkenntnisse zu organisieren und auf diese Weise von der bloßen Meinung über Fakten zu immer deutlicher werdendem Begreifen und Erklären der Fakten zu gelangen. Dies ist eine Herausforderung, der Amilcar Cabral besondere Bedeutung beimaß, als er den Befreiungskampf als »kulturellen Tatbestand und kulturelle Triebkraft« analysierte und die Notwendigkeit betonte, daß diese Kultur immer stärker wissenschaftlich, aber nicht wissenschaftsbesessen werden müsse – und dabei das überwinden, was er als die »Schwächen der Kultur« zu bezeichnen pflegte.

Eine solche Arbeit, die immer auf der Reflexion über die Praxis aufbauen würde – womit die Praxis sich dann vervollkommet –, würde das Entstehen echter Studienzentren ermöglichen, die zwar ein zentrales Thema – zum Beispiel Landwirtschaft oder Gesundheitswesen – behandeln, aber gleichzeitig umfassende Analysen dieser Themen entwickeln würden. Diese Zentren würden sich allmählich, entsprechend der fortschreitenden Systematisierung der Erkenntnisse, in einem permanenten Vertiefungsprozeß in zukünftige Universitäten verwandeln, die aus der Arbeiterklasse und mit ihrer Hilfe entstehen würden und nicht über ihre Köpfe hinweg, denn dann wären sie gegen sie gerichtet.

Das Wichtige bei einer solchen Arbeit mit dem Volk ist nämlich, der Realität kritisch gegenüberzutreten und damit in der Analyse des eigenen verändernden Einwirkens auf die Realität diese immer deutlicher als Erkenntnisobjekt zu begreifen; in der praktischen Arbeit ein permanentes Studienobjekt zu haben, aus dem eine über ihren unmittelbar utilitaristischen Charakter hinausgehende Erkenntnis resultiert; in der praktischen Arbeit nicht nur die Quelle für die Erkenntnis der Arbeit selbst und ihrer Ursachen zu haben, sondern auch anderer Erkenntnisse, die mit ihr zusammenhängen.

Einer revolutionären Gesellschaft stellt sich also nicht das Problem, die Arbeiterklasse in Fertigkeiten zu »trainieren«, die für die Steigerung

* »Wir müssen den Massen in klaren Begriffen zu lernen geben, was wir von ihnen verworren empfingen«, sagte Mao in einem Gespräch zu Malraux. André Malraux, Antimemoiren, Frankfurt a. M. 1968, S. 467.

der Produktion als notwendig gelten – Fertigkeiten, die in der kapitalistischen Gesellschaft immer enger eingegrenzt werden –, sondern den Verständnishorizont der Arbeiter (Arbeiterinnen) im Hinblick auf den Produktionsprozeß zu vertiefen und zu erweitern.
Aber nun wollen wir davon sprechen, was zum Zeitpunkt unseres Besuches in der Erwachsenenalphabetisierung getan wurde.
Wie nicht anders zu erwarten, zeigten die Arbeiten innerhalb der FARP, bedingt durch den hohen Grad an politischer Klarheit bei ihren Mitgliedern, bereits während des Befreiungskampfes ausgesprochen positive Ergebnisse, trotz der unzähligen Schwierigkeiten, die es zu überwinden galt und deren sich die Verantwortlichen durchaus bewußt waren. Mal fehlte es an Material, mal gab es Schwierigkeiten, weil einige Ausbilder nicht genügend auf ständige Fortbildung drängten.
Zwei Monate vor unserem Besuch befanden sich im Juli 1975 nach Abschluß eines Lehrgangs, der anfänglich unter der Verantwortung von nur einer einzigen Kämpferin gestanden hatte*, 82 Ausbilder und 7 Koordinatoren (Supervisors) von der FARP in Kasernen in Bissau im Einsatz, während weitere 150 Kämpfer ihre Ausbildung beendeten.
Das von dem Politischen Kommissar der FARP, Júlio de Carvalho, und seinen Assistenten erarbeitete FARP-Projekt sah drei miteinander verbundene Abschnitte vor. Im ersten Abschnitt ging es um intensive Alphabetisierungsarbeit, um so schnell wie möglich das Problem des Analphabetentums unter den FARP-Kämpfern im Gebiet von Bissau zu überwinden. Im zweiten Abschnitt sollte die Alphabetisierung auf die militärischen Einheiten im gesamten Land ausgedehnt werden, während man gleichzeitig in Bissau mit der Nach-Alphabetisierung beginnen wollte, einer weiter gefächerten Vertiefung der Arbeit im ersten Abschnitt. Im dritten Abschnitt schließlich sollte, wie Júlio de Carvalho es ausdrückte, »die FARP durch Überschreiten ihrer eigenen Grenzen die Zivilbevölkerung erreichen«. Dieses »Überschreiten« sollte zum Teil durch FARP-Angehörige vollzogen werden, die zu diesem Zweck zwar demobilisiert und in den Produktionsbereich einbezogen, aber dennoch den FARP verbunden bleiben würden, zum Teil aber auch durch aktive Mitglieder der FARP.
Ich kann bestätigen, daß zum Zeitpunkt der Niederschrift dieser Einleitung die beiden ersten Abschnitte in vollem Umfang laufen. In den

* Diese Kämpferin hatte in Lissabon an einem von Professor Cintra koordinierten Seminar teilgenommen, das sich mit der Analyse der wichtigsten Aspekte der vom Autor, vor allem in Brasilien, realisierten Projekte beschäftigte.

Kasernen von Bissau, wo es bereits praktisch keine Analphabeten mehr gibt, hat man mit der Nach-Alphabetisierung begonnen, während die Alphabetisierung in den übrigen Gebieten des Landes 80 % der FARP-Kämpfer erfaßt. Der dritte Abschnitt steht in seinen Anfängen. Hier beschränken sich die Aktivitäten bislang auf die Mitarbeit von Vertretern der Zentralen Arbeitsgruppe der FARP in der Comissão Coordenadora de Alfabetização (Kommission zur Koordinierung der Alphabetisierung) als Mitglieder dieser Kommission. Diese Kommission plant und überwacht im übrigen gemäß den allgemeinen politischen Richtlinien der Partei und der Regierung die Alphabetisierungsarbeit mit zivilen Erwachsenen.

Es lag auf der Hand, daß sich unsere Arbeitsgruppe* aufteilte und auf diese Weise wenigstens einige der funktionierenden Kulturzirkel besuchte. In dem ersten Abschnitt unserer Arbeit, in dem wir uns befanden – dem Abschnitt des Sehens und Hörens, des Fragens und Diskutierens – mußten wir beobachten, wie sich die Teilnehmer, d. h. die Lernenden ebenso wie die Lehrenden, in den Zirkeln »bewegten«. Wir mußten erfahren, ob ihre Arbeit vorwiegend kreativ war oder etwa nur aus langweiligem Wiederholen und verfremdendem Auswendiglernen bestand. Wir mußten erfahren, bis zu welchem Grad die Lernenden sich ihr eigenes Wort aneigneten, ihre Ausdrucksfähigkeit übten und bewußt in einen politischen Akt einbezogen waren oder im Gegenteil nur einfach »Lesen und Schreiben lernten«.

Es muß betont werden, daß wir, als wir die Kulturzirkel besuchten, uns weder dazu hinreißen ließen, das Beobachtete zu überschätzen, noch auf ideale Modelle fixiert und deshalb nicht in der Lage gewesen wären, die Distanz zwischen diesen und der Realität zu erkennen. Wir waren weder bereit, die Erfolge euphorisch zu feiern, noch uns durch eventuelle Fehler zu Schwarzmalerei verleiten zu lassen. Wichtig war allein zu sehen, was unter den uns bekannten begrenzten materiellen Bedingungen getan wurde, um anschließend zu überlegen, was unter den gleichen Bedingungen besser gemacht werden konnte, falls es nicht möglich sein würde, diese sofort zu verbessern.

Als Ergebnis unserer Beobachtungen zeigte sich, daß die Teilnehmer – Lehrende und Lernende – ungeachtet gewisser Mißerfolge in einer weitgehend schöpferischen Arbeit engagiert waren. Es war eben mehr

* Zum Zeitpunkt unseres Besuches bestand unsere Arbeitsgruppe aus Miguel D'Arcy de Oliveira, Claudius Ceccon, Marcus Arruda, Elza Freire und Paulo Freire. Später kamen hinzu José Barbosa und Gisèle Ouvray, die beide in Guinea Bissau leben, und in Genf Rosisca D'Arcy de Oliveira.

als nur einfach Lesen und Schreiben zu lehren und zu lernen. Und das war die Hauptsache.

Als einige der auffälligsten Fehler könnte ich zum Beispiel die Ungeduld nennen, mit der manche Lehrer gelegentlich selbst die Wörter bildeten, anstatt die Lernenden dazu herauszufordern; des weiteren, daß sie die Lernenden einzelne Silbeneinheiten viel zu lange im Chor nachsprechen ließen – sicherlich in der Überzeugung, daß eine solche rhythmische Wiederholung das beste Mittel wäre, sich mit den Silben vertraut zu machen –, oder vielleicht auch, daß einige Lehrer in den Diskussionen über die Thematik des jeweiligen generativen Wortes eine gewisse Lebhaftigkeit vermissen ließen.

Andererseits wären wir allerdings überrascht gewesen – vor allem in Anbetracht der kurzen Zeit, die die Lehrer bisher in der Praxis und in der theoretischen Ausbildung gestanden hatten –, wenn wir nicht auf Fehler dieser Art gestoßen wären. Sie allmählich zu überwinden, dürfte mit Hilfe von Auswertungsseminaren unter der Leitung des jeweiligen Supervisors gelingen. Sinn dieser Seminare wäre es, daß der Supervisor anhand ständiger Beobachtung der Arbeit der Lehrer zusammen mit diesen über ihre Tätigkeit spricht, um ihre Erfolge zu bestärken und zu versuchen, eventuelle Fehler auszuschalten.

Erwähnenswert ist aber auch die schöpferische Phantasie, die wir bei einigen Lehrern beobachten konnten. Einer kommt zum Beispiel in den Raum, wo der Kulturzirkel stattfindet, begrüßt die lernenden Genossen und beginnt, den Raum mit einem groben Besen auszufegen. Manchmal bleibt er stehen, beugt sich und blickt unter die Bänke, auf denen die Lernenden sitzen und bereits unruhig zu werden beginnen. Sie begreifen nicht den Grund für das Verhalten des Lehrers, warum er beharrlich mit seinem Besen auf und ab geht und säubert, was ihrer Meinung nach bereits sauber war. Schließlich fragt einer und spricht dabei für alle anderen: »Genosse, wann beginnt unser ›Unterricht‹?«

»Der ›Unterricht‹ hat begonnen, als ich kam«, antwortet der Lehrer und fragt anschließend: »Was habe ich bis jetzt gemacht?«

»Den Raum sauber gemacht«, sagen sie.

Daraufhin begibt er sich zu der improvisierten Tafel und schreibt langsam das Wort Sauberkeit und sagt: »Richtig, Sauberkeit ist das generative Wort, mit dem wir uns heute beschäftigen werden.«

Im Grunde ist der Lehrer nämlich ein Politiker und Künstler, der sich der Wissenschaft und der Technik bedient, aber niemals ein unbeteiligter neutraler Techniker.

Hätten wir bei unseren Besuchen in den Kulturzirkeln eine der beiden oben beschriebenen Positionen bezogen – Euphorie angesichts der Erfolge, Schwarzmalerei angesichts der Fehler und Irrtümer –, dann hätten wir das, was wir sahen, entweder idealisiert oder den Versuch für gescheitert erklärt. In beiden Fällen hätten wir uns gründlich geirrt.

Was die wenigen Versuche in den zivilen Gebieten betrifft, d. h. in den Stadtteilen von Bissau, so war die Situation dort völlig anders, gleichzeitig aber auch verständlich. Innerhalb der FARP mit Militanten zu arbeiten, die der Befreiungskampf geprägt hat und die sehr wohl wissen, was der nationale Wiederaufbau als Fortsetzung des Befreiungskampfes bedeutet, ist etwas ganz anderes, als in den Stadtteilen von Bissau zu arbeiten, die nicht in direkter Weise vom Krieg betroffen waren, aber stark von der kolonialistischen Ideologie geprägt sind, wie ich in einem der Briefe in diesem Buch klarzumachen versucht habe.

Während es also zum Zeitpunkt unseres ersten Besuches 82 Kulturzirkel in den Kaserenen von Bissau gab, war in den Wohnvierteln der Stadt noch alles zu leisten oder neu zu beginnen.

Was beide Versuche – der eine innerhalb der FARP und der andere, den man in den Wohnvierteln der Stadt zu entwickeln sich bemühte – notwendig erscheinen ließen, war die Erstellung einer Prioritätenpolitik für das Programm der Erwachsenenalphabetisierung. Denn dieses Programm mußte, auch wenn es nationale Ziele verfolgte, von bestimmten Gebieten und Sektoren ausgehen, die nach genau definierten Kriterien auszuwählen waren. Damit die Alphabetisierung ihr wichtigstes Ziel erfüllen konnte – einen effektiven Beitrag zum nationalen Wiederaufbau zu leisten –, mußte sie in dynamischer Beziehung zu anderen grundlegenden Formen der sozialen Intervention stehen, die es ermöglichen mußten, die Alphabetisierung als eine Notwendigkeit erscheinen zu lassen. Die Erwachsenenalphabetisierung kann wie die allgemeine Erziehung nicht einfach auf die soziale Praxis einer bestimmten Gesellschaft aufgesetzt werden, sondern muß aus dieser Praxis als eine ihrer Dimensionen erwachsen.

Es wäre sinnlos gewesen – und dessen war sich der Erziehungsminister Mário Cabral voll bewußt – aus dem gerade entstehenden Nationalen Programm zur Erwachsenenalphabetisierung in Guinea Bissau eine weitere Kampagne zu machen, in den uns allen wohlbekannten Formen, in denen die Alphabetisierung aus Naivität oder auch ganz bewußt idealisiert und ihr eine Kraft beigemessen wird, die sie nicht besitzt. Das fundamentale Problem war also nicht, die Alphabetisierung von Erwachsenen um ihrer selbst willen zu betreiben oder sie so zu betreiben, als ob sie für sich allein ein Instrument zur Veränderung der Realität wäre, sondern – das sei noch einmal ausdrücklich betont – sie in den Dienst des nationalen Wiederaufbaus zu stellen.

Die Projekte zur Alphabetisierung von zivilen Erwachsenen mußten also zum einen in jenen Gebieten realisiert werden, in denen entsprechend der von der Regierung getragenen Politik der Partei in den gesellschaftlichen Produktionsverhältnissen bestimmte Veränderungen eintraten oder kurzfristig eintreten würden und zum anderen in den staatlichen Dienstleistungsbetrieben – Krankenhäuser, Postwesen, staatliches Bauwesen etc. –, deren Bedienstete über die Alphabetisierung Zugang zu neuen Kenntnissen erhalten würden, die für die Erfüllung der Aufgaben, die ihnen der nationale Wiederaufbau stellte, notwendig waren*. Daher erklärt sich die vom Minister Mário Cabral betonte Notwendigkeit einer engen Verbindung seines Ministeriums mit den Ministerien für Planung, Landwirtschaft und Gesundheit sowie mit den Massenorganisationen der Partei, wie etwa der JAAC – Juventude Africana Amilcar Cabral (Afrikanische Jugend Amilcar Cabral) –, deren Mitglieder einen wichtigen Beitrag zu den Alphabetisierungsprojekten leisten könnten, wie sie es inzwischen auch tun.

Gleich zu Beginn unseres Besuches stellten wir in Bissau den Kontakt zum bereits erwähnten Politischen Kommissariat der FARP her, sowie zu den Ministerien für Information, Landwirtschaft und Gesundheit, außerdem zu der JAAC, die sich zum damaligen Zeitpunkt in einer Phase der Neustrukturierung befand. Daneben wurden wir mehr zu einem Arbeits- als zu einem Höflichkeitsbesuch von dem Genossen Francisco Mendes sowie dem Präsidenten des Staatsrates Genosse Luiz Cabral empfangen.
Bei unseren Gesprächen im Informationsministerium – das ja für den nationalen Wiederaufbau eine bedeutende Funktion besitzt, vor allem insofern, als hier die Information sich nicht auf reine Übermittlung und Weitergabe von Botschaften beschränkt, sondern, wie es in Guinea Bissau der Fall ist, Bildungs- und Kommunikationsaufgaben wahrnimmt – interessierte uns vor allem, in welcher Form dieses Ministerium unser Alphabetisierungsprogramm würde unterstützen können. Denn dieses Programm würde nur dann Erfolg haben, wenn man sich ständig bemühte, das Volk zu mobilisieren und es am Programm zu beteiligen, und hierfür konnten Rundfunk und Presse wirksame Hilfe leisten.
Aus den Gesprächen mit den für Gesundheitswesen und Landwirtschaft Verantwortlichen, die natürlich weniger ausführlich waren als die Ge-

* Dieses Problem wurde zwar anläßlich unseres ersten Besuches in Guinea Bissau andiskutiert, jedoch erst bei unserem zweiten Besuch im Februar dieses Jahres endgültig klar definiert.

spräche mit den Arbeitsgruppen des Erziehungsministeriums, ergaben sich im Hinblick auf die notwendige Verbindung von Alphabetisierung, Produktion und Gesundheit zwei fundamentale Aspekte. Zum einen, daß die Gesundheitspolitik der Präventivmedizin Vorrang einräumen sollte, unter besonderer Berücksichtigung der Gesundheitserziehung; zum anderen, daß das Landwirtschaftsministerium sich bemühen sollte, die Bildung von Kooperativen und Staatsgütern zur Förderung gemeinschaftlicher Arbeit sowie die Diversifizierung des landwirtschaftlichen Anbaus zu stimulieren. Maßnahmen also, die letztlich für die Entwicklung des Landes ungeheuer wichtig sind.
Für das Erziehungsministerium würde dies also bedeuten, wie Mário Cabral richtig anmerkte, über die Projekte zur Erwachsenenalphabetisierung in jeder Initiative des Landwirtschaftsministeriums zu Produktionskooperativen und Staatsgütern vertreten zu sein, und in Abstimmung mit dem Gesundheitsministerium Aspekte der Präventivmedizin in die Alphabetisierungsprogramme einzubeziehen.
Die in den Alphabetisierungsprojekten tätigen Lehrer müßten sich die eine oder andere Erfahrung aus einer Produktionskooperative zunutze machen und überlegen, wie diese Erfahrungen mit der Alphabetisierung in Verbindung gebracht werden könnten. Gleichzeitig mit dem Erlernen von Lesen und Schreiben müßten die Lernenden aufgefordert werden, über ihre Wirklichkeit nachzudenken, über die Motive ihres Handelns, zum Beispiel in der Bekämpfung von Moskitos oder Malaria, oder bei der Schaffung der Kooperative zur Diskussion über die Vorteile der gemeinschaftlichen Arbeit gegenüber der individuellen Arbeit angeregt werden.
Zum anderen wäre es von größtem Nutzen, wenn man visuelles Material vorbereiten könnte, zunächst über Projekte, die in anderen afrikanischen Ländern realisiert worden sind, wobei in der Analyse dieser Projekte die geografischen Grenzen des Gebietes und sogar des Landes überschritten und eine umfassendere Sicht der Wirklichkeit gewonnen würden.
Über die Moskitobekämpfung in einem ländlichen Gebiet von Guinea Bissau zu sprechen und anschließend über das gleiche Problem in einer Landgemeinde in Moçambique, Tansania oder São Tomé und Principe, bedeutet, die Möglichkeit zu schaffen, eine Unzahl von Problemen zu analysieren, die mit diesen Ländern in Zusammenhang stehen.

Zweiter Abschnitt

Der zweite Abschnitt unseres ersten Aufenthaltes in Guinea Bissau war kurzen Besuchen in einigen der ehemaligen befreiten Gebieten gewidmet, in denen die PAIGC, wie bereits erwähnt, in den Bereichen Erziehung, Gesundheit, Recht und Produktion sowie in der Distribution mit den »Volksläden« ungemein wichtige Einrichtungen geschaffen hatte, wobei die »Volksläden« nach der totalen Unabhängigkeit des Landes »innerhalb eines Jahres den gesamten Handel kontrollierten«*.

Obwohl diese Besuche teilweise dem schlechten Wetter zum Opfer fielen, vermittelten sie uns wichtige Kontakte zu lokalen politischen Kommissaren, die uns von ihrem Kampf für das Volk und mit dem Volk berichteten; einige sprachen von ihren Erfahrungen aus dem Krieg, daß sie nicht nur zu überleben und den Feind zu besiegen, sondern auch für den Kampf um den nationalen Wiederaufbau gelernt hatten. Wir hatten Kontakt mit einheimischen und ausländischen Technikern und auch mit Grundschullehrern, die in einem der Zentren, die wir besuchten, an dem ersten Ausbildungsseminar über die Pädagogik von Freinet teilnahmen.

Doch erst bei unserem zweiten Besuch im Februar dieses Jahres sollte es uns möglich sein, allmählich einen größeren Überblick über die Gebiete im Landesinneren zu gewinnen, indem wir nicht nur durch bebautes Land reisten, sondern auch mit Schülern und der bäuerlichen Landbevölkerung Gespräche führten.

Auf jeden Fall möchte ich hier wenigstens ein Erlebnis festhalten, das mich tief beeindruckt hat: das Gespräch, das Elza und ich mit einem jungen Internatsleiter geführt haben. Er sprach sanft, ruhig, sachlich. Er sprach über die Geschichte, die er selbst mitgestaltet hat und ließ erkennen, wie sehr auch sie ihn geformt hatte. Ohne Rhetorik, ohne großartige Adjektive, aber bar jeder Kälte, zutiefst menschlich sprach er uns von der Erziehungsarbeit in dem befreiten Gebiet. Er berichtete, wie die Schule und die Gemeinde sich in das gemeinsame Bemühen zur Unterstützung des Kampfes integrierten, und wie sie in dem Gefühl, aber auch in dem Wissen, ihrerseits durch den Kampf unterstützt zu werden, sich der von der PAIGC gestellten Aufgabe widmeten, die Invasoren zu vertreiben und das Land zu befreien. Er sprach von Amilcar Cabral weder in sentimentaler Erinnerung noch so, als müsse er als Mythos verehrt werden, sondern wie von einem Symbol, einer wegweisenden »Erscheinung« in der Geschichte seines Volkes.

Er brauchte nicht von einem Symbol oder einer wegweisenden Erscheinung zu sprechen, damit ich verstand, daß er Cabral so sah. Und dieses

* Rede des Präsidenten des Staatsrates Luiz Cabral anläßlich der Eröffnung der zweiten Sitzung der ersten Legislaturperiode der Nationalen Volksversammlung am 22. April 1976 – Bissau.

Verständnis, das überall in Guinea Bissau und auf den Kapverdischen Inseln herrscht, ist das Ergebnis der Authentizität des großen Führers, der Intensität, mit der er sich selbst in der Gemeinschaft mit seinem Volk erfuhr, ohne die er niemals das getan haben könnte, was er tat und niemals das gewesen wäre, was er war und weiterhin ist. Niemand ist oder bleibt allein. Lange bevor er zum »Vater der nationalen Eigenständigkeit« wurde, machte Cabral sich zum »Sohn des Volkes«, mit dem er lernte und das von ihm in der revolutionären Praxis lernte*.
Während der junge Kämpfer zu Elza und mir von der Erfahrung des Internates, von den Schülern und Lehrern in ihrer gemeinsamen Arbeit und ihrem gemeinsamen Lernen sprach, auch davon, wie sie sich gegen die grausamen Bombardierungen des Feindes gewehrt haben, wurde immer klarer, welche Rolle diese große Erfahrung für den nationalen Wiederaufbau spielen würde und heute ja tatsächlich spielt, nämlich in der Überwindung des kolonialen Erziehungssystems.
In der Zeit, die wir gemeinsam verbrachten, auf der schmalen Terrasse eines kleinen Hauses vor dem heftigen Regen geschützt, hörten wir mehr zu als daß wir sprachen. Gelegentlich nur eine Frage, damit der junge Erzieher den einen Punkt verdeutlichte oder sich den anderen in Erinnerung rief.
»Wir hatten immer«, sagte er, »nicht weit vom Internat sichere Plätze im Busch, wo wir im Fall einer Bombardierung die Kinder und die Erwachsenen, die in der Nähe lebten, in Sicherheit bringen konnten. Das Geräusch der Flugzeuge war noch nicht einmal richtig zu hören, und schon organisierten sich alle fast instinktiv, um schnell den Ort zu verlassen. Jeder wußte, was er zu tun hatte. Einmal«, fuhr er fort, »als wir nach einem Bombardement aus dem Versteck zurückkehrten, fanden wir im Innenhof des Internates drei Genossinnen mit aufgeschlitzten Bäuchen; zwei waren schon tot, die dritte lag im Sterben. Neben ihnen lagen drei ungeborene Kinder auf Bajonetten aufgespießt.«
Ich habe ihn nicht gefragt, wie jene, die dieses Verbrechen begangen hatten, in das befreite Gebiet gelangt waren. Ich wollte nicht wissen, ob sie vielleicht nach der Bombardierung mit dem Flugzeug auf einem Feld gelandet waren, oder ob es Soldaten eines Spähtrupps des Kolonialheeres gewesen waren; das alles interessierte mich in diesem Augen-

* Es ist hierfür bezeichnend, was ein anderer Kämpfer in einem dramatischen Augenblick, als Amilcar Cabral von den Kolonialisten ermordet wurde, gesagt hat und was uns vom Präsidenten Luiz Cabral berichtet wurde: »Ich beweine nicht den Genossen Cabral«, sagte der Kämpfer vor dem toten Körper. »Der Genosse Cabral ist nicht tot. Nicht ich spreche jetzt hier, sondern er spricht durch mich. Der Genosse Cabral wird weiter durch das Volk sprechen, wird uns zum Kampf rufen, zum Sieg über die Unterdrücker.«

blick nicht. Ich fragte nur, was sie mit solchen perversen Mördern machten, wenn es ihnen gelang, sie gefangen zu nehmen.
Ich habe den Eindruck, daß der junge Kämpfer am Klang meiner Stimme, an meinen verkrampften Händen, an meinem ganzen Körper, an Elzas Blick, an ihrem Schweigen, das schrie, die unendliche Revolte begriff, die uns übermannte.
Mit sanfter, ruhiger Stimme gab er uns eine Belehrung zur Antwort. »Schlechte Menschen wie diese wurden«, sagte er, »wenn man sie faßte, vom Volkstribunal bestraft. Die Revolution bestraft, aber sie foltert nicht. Der Genosse Cabral hat immer von dem Respekt gesprochen, den man dem Feind schuldig ist. Das war eine Anweisung unserer Partei, der PAIGC.«
Hier liegt ein radikaler Unterschied zwischen der Gewalt der Unterdrücker und der Gewalt der Unterdrückten. Die einen üben Gewalt aus, um die in der Ausbeutung, in der Herrschaft implizierte Gewalt aufrecht zu erhalten. Die anderen, um die Gewalt durch die revolutionäre Veränderung jener Wirklichkeit, die Gewalt möglich macht, zu unterdrücken.
Die politische Reife, die dieser junge Kämpfer zeigte und die durch den Befreiungskampf als »kultureller Tatbestand und kulturelle Triebkraft« hervorgebracht wurde, ist eine Konstante in Guinea Bissau, mit Ausnahme einiger Bevölkerungsteile in bestimmten Gebieten, die weniger durch den direkten Kampf berührt waren. In Guinea Bissau wird ohne große Tiraden, ohne Überschwang vom Kampf gesprochen. Man spricht davon, was der Kampf gelehrt, was er gefordert hat; was er, als permanenter Prozeß, weiter lehrt, weiter fordert. Man spricht von dem Engagement, das er impliziert, von der Wachsamkeit, die er verlangt.
Diese Einfachheit und dieses Fehlen von jeglichem triumphalen Gebaren zeigen einerseits ein tief verwurzeltes Gefühl der Sicherheit und andererseits eine echte Bescheidenheit, die niemals in falsche Demut umschlägt. Eine Sicherheit und Bescheidenheit, die im schwierigen Kampf, in der Überwindung von Hindernissen, im Sieg über den Feind erlernt wurden. Deshalb erkennt man darin auch die feste Entschlossenheit des Volkes und seiner Avantgarde, der PAIGC, den möglichen Traum zu verwirklichen, der sie seit Beginn des Kampfes leitet – den Traum, ihre Gesellschaft neu zu schaffen, die Ausbeutung der einen durch die anderen zu beseitigen und die Ungerechtigkeiten zu überwinden.
Zurückhaltend, mit revolutionärer Vorsicht und entsprechend dieser Vorsicht in vollem Bewußtsein der historischen Rolle seines Volkes

sprach dieser junge Mann zu Elza und mir von der Praxis, in der er sich neu geformt hat, und von der Arbeit, in der er sich zusammen mit seinen Genossen immer wieder neu formt; er sprach von der Freude, die Härte des Kampfes erfahren zu haben, von der Freude, am Wiederaufbau seines Landes partizipieren zu können.

Auf dem Rückflug nach Bissau sah ich durch das Fenster des Hubschraubers, der von sowjetischen Piloten geflogen wurde, bei denen zwei junge Guineer das Fliegen lernten, unter uns das von Napalm verbrannte Laub der Bäume.

Ich schaute aufmerksam und neugierig hinunter. Kein Tier. Der eine oder andere größere Vogel flog ruhig vorüber. Ich erinnerte mich an das, was der Präsident Luiz Cabral uns bei unserer ersten Begegnung gesagt hatte, als er von den verschiedenen Phasen und Aspekten des Kampfes mit der gleichen Nüchternheit wie der junge Internatsleiter mit Elza und mir gesprochen hatte. »Es ging so weit«, sagte der Präsident, »daß die Tiere von Guinea in den Nachbarländern ›um Asyl baten‹. Nur die Seidenaffen blieben hier und flüchteten in die befreiten Gebiete. Sie hatten furchtbare Angst vor den ›tugas‹*. Später begannen die Ärmsten dann, sich vor uns zu fürchten; wir sahen uns nämlich gezwungen, sie zu jagen und zu essen. Ich hoffe, daß unsere Tiere bald zurückkommen«, schloß der Präsident, »daß sie merken, daß der Krieg zu Ende ist.«

Ich blickte neugierig und aufmerksam aus dem Fenster des Hubschraubers. Noch gab es, zumindest in diesen Teilen des Landes, keinerlei Anzeichen für ihre Rückkehr ...

Schon in Bissau, als wir uns im Team auf die letzte Phase unseres Besuches vorbereiteten, geschah etwas, was uns tief beeindruckt hat und was mit so manchem Gedanken in dieser Einleitung zusammenhängt. Seit damals habe ich in allen Seminaren über dieses Ereignis gesprochen und möchte es auch hier nicht unerwähnt lassen.

Ein heißer Septembermorgen. Fast stickig. Guinea feierte den Jahrestag seiner Unabhängigkeit.

Ein großer Platz. Am Ende des Platzes die Tribüne mit den Würdenträgern des Landes, dem diplomatischen Corps, geladenen Gästen und Delegationen befreundeter Länder.

Gruppen aller Art defilieren. Sie repräsentieren Volksorganisationen aus den Dörfern und den Stadtvierteln von Bissau. Kinder, Jugend-

* »tugas« = Abkürzung von »portugas« = Deformation von »portugueses« (Portugiesen). Anm. d. Üb.

liche, Frauen und Männer in bunter Kleidung. Sie singen und tanzen. Sie bewegen sich. Sie gehen vor und zurück, beugen sich und richten sich wieder auf, in wunderbaren Rhythmen. Die gesamte Menschenmenge entlang der breiten Avenue, die in den Platz mündete, nahm aktiv an dem Vorbeimarsch teil. Die Menge befand sich dort nicht nur zum Zuschauen und Zuhören, sondern um bewußt ihrer Freude Ausdruck zu geben, daß sie dort sein konnte, als Volk, das sein Existenzrecht erobert hatte.
Die Menge sang mit, sie tanzte mit. Es war kein »folkloristisches Spektakel«, dem einige wenige aus der Ferne zusahen. Es war das Fest eines Volkes, das seinen größten Tag feierte.
Nach dem Vorbeimarsch, der mit der Vorführung von Einheiten der FARP seinen Abschluß fand, begann der Präsident Luiz Cabral zu sprechen.
Genau gegenüber der Tribüne, auf der der Präsident sich befand, eine Militärkapelle in strammer Haltung. Plötzlich, als ob er über sich selbst fiele, wird einer der Soldaten ohnmächtig. Der Präsident unterbricht seine Rede. Sein Blick ist fest auf den Soldaten gerichtet, der von seinen Kameraden gestützt wird. Die Menge begreift. Sie macht einem heranfahrenden Wagen Platz, der Soldat wird zum Krankenhaus gefahren. Der Präsident blickt dem abfahrenden Wagen nach, bis er verschwunden ist. Erst dann spricht er weiter.
Neben mir sagt Elza leise: »Dies war der schönste Augenblick unseres Besuches in diesem Land. Wir haben wirklich viel von diesem Volk zu lernen, das so intensiv die Einheit von Wort und Tat lebt. Der einzelne ist hier noch Mensch. Das menschliche Wesen ist hier etwas Konkretes und nichts Abstraktes.«
Der Präsident fuhr in seiner Rede fort. Alles an ihm war echt, sowohl seine Worte an das Volk als auch sein Handeln, das mit seinen Worten in Einklang stand. Der Zwischenfall hatte nur wenige Sekunden gedauert. Viele lange Jahre des Kampfes erklären ihn. Dies war gewiß nicht das erste Mal, daß der Kämpfer Luiz Cabral, in welcher Form auch immer, seine Solidarität mit einem Genossen, der sich in Schwierigkeiten befand, zum Ausdruck brachte. Schon lange bevor der Präsident Luiz Cabral seine Rede unterbrach und an jenem heißen Septembermorgen besorgt dem ohnmächtig gewordenen Genossen nachblickte, dürfte der Kämpfer Luiz Cabral unzählige Male innegehalten haben, um sich um einen in dem gemeinsamen Befreiungskampf seines Volkes gefallenen Gefährten zu kümmern.
Ereignisse wie dieses, dessen tiefere Bedeutung keiner Diskussion bedarf, sind in Guinea Bissau keine isolierten oder außergewöhnlichen

Dinge. Sie sind die Seinsform dieses Volkes. Gewundert hätte man sich, wenn der Präsident aus der Distanz und ohne Gefühlsregung seine Rede fortgeführt hätte, während es seinem Genossen von der FARP nicht gut ging.

Das Wesentliche scheint mir hier zu sein – ohne damit die guineische Revolution idealisieren zu wollen, denn sie wird von Männern und Frauen gemacht und nicht von Engeln –, daß die Werte, die sich in dem harten Kampf verfestigt haben, in dem die PAIGC sich als revolutionäre Avantgarde des Volkes konstituierte, auch heute noch Gültigkeit besitzen. Und je stärker sich diese Avantgarde der Notwendigkeit bewußt ist, die Gemeinschaft mit dem Volk aufrechtzuerhalten, in dessen Schoß sie ihr Avantgarde-Sein besiegelte, um so entschiedener wird die Revolution gegen eine drohende Verfälschung verteidigt werden. Deshalb bemüht sie sich, eingedenk der Worte Amilcar Cabrals*, jene Gemeinschaft mit der Arbeiterklasse aufrechtzuerhalten und fortzuentwickeln und damit den »Klassenselbstmord« voranzutreiben, der schon vor langem im Befreiungskampf begonnen wurde. Denn wenn dieser »Selbstmord« »mißglückt«, wird man erleben, daß eine »bürokratische Bourgeoisie« an die Macht kommt, die nichts mit der Arbeiterklasse gemein hat, selbst wenn sie in deren Namen sprechen sollte.

Dritter Abschnitt

Zu Beginn dieser Einleitung sagte ich, daß unser Arbeitsplan für unseren ersten Besuch in Guinea Bissau, der in Genf nur in großen Zügen entworfen und erst in Bissau zusammen mit den Guineern richtig ausgearbeitet worden war, unseren Aufenthalt in drei Hauptabschnitte unterteilte, die allerdings nicht scharf voneinander zu trennen sind. In den ersten beiden Abschnitten bemühten wir uns zu sehen und zu hören, zu fragen und zu diskutieren; es waren also Abschnitte der Analyse, aus denen sich zwangsläufig der letzte Abschnitt – die Synthese – ergab. Im Grunde entwickelte sie sich jedoch bereits bei jedem Schritt während der eigentlichen Analyse, von der sie ja auch gar nicht zu trennen ist. Deshalb wurde vieles von dem dritten Abschnitt bereits in der im übrigen nur unzulänglichen Beschreibung gesagt, die ich von den beiden analytischen Abschnitten zu geben versucht habe. Während dieser Abschnitte versuchten wir, so viel wie möglich über die Realität des Landes als Ganzes zu erfahren und diese Realität in ihre Bestandteile zu zerlegen, um sie besser kennenzulernen.

* Amilcar Cabral, Sur la Petite Bourgeoisie, in: L'arme de la théorie, François Maspéro, Paris 1975, p. 301 ff.

Im Abschnitt der Synthese, die wie gesagt sich bereits in der Analyse herausbildete, sollte es darum gehen, die zerlegte Totalität wieder zu einem Ganzen zusammenzufügen. Im Grunde sind diese beiden Schritte Bestandteile einer Dynamik, die von der Zerlegung des Objektes zu seiner Retotalisierung führt.

Genau genommen betrachteten wir in den beiden ersten Abschnitten die Realität als eine »Kodierung«, die wir zu dekodieren versuchten, und zwar zum einen zusammen mit den guineischen Gruppen, zum anderen innerhalb unseres Teams, wenn wir uns zur Bestandsaufnahme unserer Arbeit zusammensetzten. Hierbei erfüllten wir gelegentlich eine doppelte Aufgabe. Manchmal machten wir die Realität an sich zum Gegenstand unserer Analyse und versuchten, sie kritisch zu »lesen«; dann wieder machten wir die zusammen mit den einheimischen Arbeitsgruppen erstellte Analyse zum Gegenstand unserer Überlegungen. Auf diese Weise analysierten wir die vorausgegangene Analyse, wobei wir kritisch erkannten, wie wir die gleiche Realität wahrgenommen hatten.

Da wir im Dialog mit den einheimischen Arbeitsgruppen zusammen die Realität dekodiert hatten, konnten wir natürlich einerseits nicht nur stumme Zuschauer sein, andererseits aber auch nicht die ausschließlichen Subjekte des Dekodierungsvorgangs. Die ausschließlichen Subjekte der Dekodierung der Realität zu sein, hätte ebenso im Gegensatz zu den Prinzipien gestanden, die uns zu unserer Reise nach Guinea Bissau bewegt hatten, wie die Dekodierung zu übernehmen, die in diesem Falle von den einheimischen Gruppen geleistet worden wäre, und erst im letzten Augenblick, nämlich bei der Synthese, gleichsam geheimnisvoll aufzutauchen, um eine sorgsamst gehütete Überraschungsrede zu halten.

In Wirklichkeit befanden wir uns zusammen mit den einheimischen Gruppen in einem Erkenntnisakt, in dem wir, genau wie sie, die Rolle erkennender Subjekte zu übernehmen hatten. Der Dialog zwischen uns und den einheimischen Gruppen, vermittelt über die Realität, die wir zu erkennen suchten, war das Siegel dieses Erkenntnisaktes. Durch gemeinsame Erkenntnis und Wiedererkenntnis würden wir gemeinsam zu lernen und zu lehren beginnen können.

Ich betone diesen Punkt nicht nur als ein Element, das im Verlaufe dieser Einleitung angeführt werden muß, sondern auch, um noch einmal meinen nicht immer richtig verstandenen Standpunkt hierzu klarzustellen, d. h. sowohl in bezug auf den Dialog als Siegel des Erkenntnisaktes als auch in bezug auf die Rolle des erkennenden Subjektes in diesem Akt.

Im ersten Abschnitt unseres Besuches, vor allem bei den Arbeitstreffen mit Mário Cabral und seinen Arbeitsgruppen vom Erziehungsministerium, haben wir intensive Gespräche über eine Vielfalt von Themen geführt, auf die wir bei unseren späteren Besuchen in Guinea immer wieder zurückgekommen sind. Diese Themen wurden im ersten Teil dieser Einleitung mehr oder weniger ausführlich referiert und brauchen deshalb hier nicht mehr erwähnt zu werden.

Wir unterteilten den dritten Abschnitt unseres Aufenthaltes in Guinea Bissau in zwei Teile, wobei wir den ersten dazu benutzten, zusammen mit Mário Cabral und seinen Mitarbeitern die zuvor gemeinsam erstellte Analyse der Realität, d. h. also die Dekodierung dieser Realität, zu rekapitulieren.

Dies bedeutete, daß wir zunächst unsere »Sicht« der guineischen Realität klar werden lassen mußten. Unsere »Sicht« war für die Arbeitsgruppen des Erziehungsministeriums gleichsam eine neuerliche Herausforderung, auf die sie antworten mußten, indem sie sie entweder ganz oder teilweise akzeptierten oder zurückwiesen, sie korrigierten und sie weiterführten. In der Synthese kehrten wir auf diese Weise zur Analyse zurück, um anschließend zu einer neuen Synthese zu gelangen.

Ausgehend von dem, was wir gesehen und gehört, von den Antworten auf unsere Fragen und den Ergebnissen unserer Diskussionen, dem direkten Kennenlernen des Landes, der gemeinsamen Auffassung über die Bedeutung der Erziehung im allgemeinen und der Alphabetisierung im besonderen widmeten wir uns im zweiten Teil des dritten Abschnittes unseres Aufenthaltes in Guinea Bissau schließlich der Aufgabe, wiederum im Dialog mit den Einheimischen, die Prinzipien für unsere Mitarbeit zu erstellen, um deren Fortsetzung uns der Minister Mário Cabral im Namen der Regierung und mit Zustimmung der Partei gebeten hatte.

Das gemeinsam erarbeitete Projekt sah erwartungsgemäß vor, daß wir zum Teil in Genf, zum Teil in Bissau tätig sein würden.

So wurden also drei Besuche für das laufende Jahr vereinbart – sie haben inzwischen stattgefunden – und außerdem der Vorschlag akzeptiert, daß ein Mitglied des IDAC, ohne der Regierung von Guinea Kosten zu verursachen, sich in Bissau niederlassen sollte, um dort die ganze Zeit, wie es seit Februar dieses Jahres der Fall ist, mit der Kommission zur Koordinierung der Erwachsenenalphabetisierung zusammenzuarbeiten. Diese Kommission wurde auf der abschließenden Synthesesitzung von Minister Mário Cabral ins Leben gerufen.

Bei unseren zukünftigen Besuchen sollten wir vor allem im Dialog mit

der Koordinierungskommission und auf der Grundlage der Berichte, die man uns zwischen unseren Besuchen nach Genf schicken würde, die Arbeit auswerten, die in der Erwachsenenalphabetisierung geleistet wurde und gleichzeitig weiterhin einige der Hauptpunkte, die beim ersten Besuch angesprochen worden waren, intensiver diskutieren.
Die Arbeitsmethode bei den späteren Besuchen im Land sollte im wesentlichen die gleiche wie bei dem ersten Aufenthalt sein. Ein Abschnitt der dynamischen Analyse, wie ich sie bereits beschrieben habe, und ein Abschnitt der Synthese, aus dem sich die Notwendigkeit einer neuen Analyse ergeben würde.
In Genf sollten wir in der Gruppe an der Vertiefung der Erziehungsproblematik in Guinea arbeiten, insbesondere im Hinblick auf die Erwachsenenalphabetisierung, und zwar in der umfassenden Perspektive, die ich in meinen bisherigen Ausführungen verdeutlicht habe. Daneben sollten wir einerseits, ebenfalls in Genf, didaktisches Material ausarbeiten, das von uns angefordert würde und das in Bissau von der Koordinierungskommission geprüft würde, bevor es generelle Verwendung fände, andererseits Stellung nehmen zu anderen Materialien, die in Bissau angefertigt und uns zur Begutachtung zugesandt werden sollten.
Auf diese Weise entstand das Projekt, an dem das Erziehungsministerium von Guinea Bissau, die Commission on Churches' Participation in Development, die das Projekt finanziert, sowie das Institut d'Action Culturelle und die Abteilung für Erziehung des Weltkirchenrates als Partner beteiligt sind.
Seit einem Jahr, ständig im Dialog mit den Guineern, leisten wir unseren minimalen Beitrag; in diesem Jahr haben beide Seiten gemeinsam gelernt und wir alle eine große Bereicherung erfahren.

Zweiter Teil

Diese Einleitung bliebe noch unvollständiger, als sie es ohnehin schon ist, wenn ich jetzt nicht ein wenig mehr zumindest über einige der Hauptaktivitäten sprechen würde, die seit September des vergangenen Jahres bis heute entwickelt worden sind.
Zunächst werde ich einige Worte zu den bisherigen und auch zukünftigen Veränderungen im Erziehungssystem des Landes sagen; es handelt sich dabei um Veränderungen, die eine Ergänzung der bereits im ersten Teil dieser Einleitung genannten Veränderungen sind, und mit denen das Erziehungsministerium getreu den Zielen der Partei und den Richt-

linien der Regierung die radikale Veränderung des von der Kolonialmacht hinterlassenen Systems vorbereitet.

Ich erläutere diese Veränderungen zunächst anhand der Auswirkungen, die sie zwangsläufig auf die Arbeiten in der Erwachsenenbildung haben, die, wie ich am Anfang dieses Textes betonte, dem im allgemeinen Erziehungssystem des Landes enthaltenen Erziehungsauftrag nicht gleichgültig gegenüberstehen können.

Zwischen der Arbeit in der informellen Erwachsenenbildung und dem Erziehungssystem einer bestimmten Gesellschaft entsteht ein Gegensatz, wenn diese Arbeit in Antagonismus zu dem gesamtgesellschaftlichen System steht und eine Bewegung oder eine revolutionäre Partei sich ihrer bedient, um die beherrschte Klasse taktisch für die Ergreifung der Macht zu organisieren. Im Falle von Guinea Bissau, für das dies nicht zutrifft, kommt es darauf an, die Ziele der Erwachsenenbildung und die Ziele des allgemeinen Erziehungssystems harmonisch aufeinander abzustimmen.

Wenn ich jetzt von den Veränderungen im Erziehungssystem in Guinea Bissau spreche, greife ich nicht nur auf das zurück, was ich bei unseren Arbeitstreffen in Bissau direkt von dem Minister Mário Cabral gehört habe, als er berichtete, wie er zusammen mit seinen Mitarbeitern die Veränderung im Erziehungswesen des Landes angeht, sondern auf ein Interview, das er kürzlich der Bissauer Zeitung »Nô Pintcha« gegeben hat. Ich werde aus diesem Interview das eine oder andere Wort zitieren.

Bei der Einführung der Veränderungen in das Erziehungssystem geht das Erziehungsministerium davon aus, daß die Erziehung nichts Eigenständiges, sondern strukturübergreifend ist und in dialektischer und nicht mechanischer Beziehung zu der Infrastruktur der Gesellschaft steht.

Aus dieser Sicht begreift man das Bemühen, eine Erziehungskonzeption und -praxis zu überwinden, in denen jede »Stufe« des Erziehungssystems die tatsächliche Ausbildung der Schüler vernachlässigt und nur ein verfremdetes und verfremdendes Element der Vorbereitung auf die nächste »Stufe« ist.

Das Projekt, für das sich das Erziehungsministerium von Guinea Bissau engagiert – ein realistisches Projekt, das in Einklang mit der Realität des Landes steht – erkennt zwar auch die Beziehungen zwischen den verschiedenen Ebenen an, sieht jedoch dagegen vor, daß auf jeder Ebene die Aufgabe der Ausbildung maximal erfüllt wird. Die zwischen der Grundschulausbildung und der allgemeinen polyvalenten oder der mittleren polytechnischen Ausbildung bestehenden Beziehungen reduzieren die Grundschule also nicht auf einen »Korridor«, durch den einige wenige nur mit dem Ziel gehen, die nächsten Ausbildungsstufen zu erreichen, die sie ihrerseits in das »auserwählte Land« der Universität führen können.

»Unser Ausbildungssystem«, sagt Mário Cabral, »wird in drei Stufen unterteilt. Die sechsjährige Grundausbildung wird aus zwei Abschnitten von jeweils vier und zwei Jahren bestehen. Die polyvalente Ausbildung wird drei Jahre umfassen und die mittlere polytechnische Ausbildung wird sich, je nach den Anforderungen der entsprechenden mittleren Ausbildung, über einen Zeitraum von zumindest zwei oder drei Jahren erstrecken.«

Die sechsjährige Grundausbildung soll je nach den Möglichkeiten der Partei und des Staates allgemein verbindlich werden; sie soll jenes Fundament vermitteln, das für die bewußte Partizipation eines jeden Staatsbürgers an der Schaffung und Entwicklung einer neuen Gesellschaft unerläßlich ist.

Es handelt sich also nicht um den Unterricht, wie er in einer Schule erteilt wird, die die Schüler nur auf eine andere Schule vorbereitet, sondern um eine wirkliche Ausbildung, deren Inhalte in dialektischer Beziehung zu den Bedürfnissen des Landes stehen. Die durch eine solche Erziehung realisierte Erkenntnis verwirklicht sich in der Einheit von Theorie und Praxis, und gerade aus diesem Grunde kann sie ihre Quelle nur in der Arbeit der Lernenden und Lehrenden haben.

Die in dieser Erziehung vertretenen Werte verlieren ihre Bedeutung, wenn sie nicht konkretisiert werden, und dies ist nur möglich, wenn sie in die Praxis umgesetzt werden. Im ersten Abschnitt der Grundausbildung, d. h. in den ersten vier Jahren, in denen nicht Individualismus, sondern soziale Solidarität, gemeinschaftliche Arbeit, Kreativität, Einheit von Kopfarbeit und Handarbeit und Ausdrucksfähigkeit stimuliert werden, machen die Schüler gemeinsame Erfahrungen und entwickeln allmählich neue Verhaltensformen, gemäß der Verantwortung, die sie der Gemeinschaft gegenüber tragen müssen.

Im darauffolgenden zweijährigen Abschnitt, in dem die Schüler sich weiterhin im gleichen Erkenntnisakt wie im ersten Abschnitt befinden und gemeinsam arbeiten und suchen, erweitern sie nicht nur ihre Wissensgebiete, sondern vertiefen sie auch, wobei sie ebenso wie die Lehrenden Subjekte dieses Lernprozesses sind.

Denn eine Erziehung, die ausgerichtet ist auf die Konkretisierung von Werten wie Solidarität, soziale Verantwortung, Kreativität, Disziplin im Dienste des allgemeinen Interesses, Wachsamkeit, Kritikfähigkeit – Werte, die im Befreiungskampf die PAIGC zusammengeschweißt ha-

ben – wäre nicht zu verwirklichen, wenn die Lernenden in dieser Erziehung wie in dem kolonialen Erziehungssystem weiterhin nur Rezipienten von »fertig abgepacktem Wissen« wären, das ihnen von den Lehrern vorgesetzt würde, wenn sie nur zufällige Objekte des »erzieherischen« Handelns der Lehrer wären.
Diese Erziehung, die sich – das sei nochmals betont – mit der Realität des Landes identifiziert, muß sich allerdings auf die ländlichen Gebiete konzentrieren.
»Wir wissen«, sagt Mario Cabral, »daß 90 % unserer Bevölkerung oder noch etwas mehr auf dem Lande lebt. Das Erziehungssystem, das wir organisieren werden, wird diese Tatsache berücksichtigen und folglich auf das Land ausgerichtet sein. Der Schüler wird dank dieser Erziehung als Subjekt an den notwendigen Veränderungen in seiner Gemeinde partizipieren können.«
Später, als er sich offensichtlich auf die Erweiterung der Wissensgebiete im zweiten Abschnitt der Grundausbildung bezieht, fährt Mário Cabral fort: »Schon jetzt können wir sagen, daß wir in diesem Abschnitt Grundkenntnisse der Physik und Chemie zum besseren Verständnis des Naturgeschehens sowie anstelle der sogenannten Naturwissenschaften Biologie einführen werden.« Daneben erwähnt er das für eine fortschrittliche Ausbildung unerläßliche Fach Geschichte, das, wie er sagt, »unter das gefaßt werden wird, was wir als Sozialwissenschaften bezeichnen«.
»Mit den Fächern, die wir in dieser Stufe einführen werden, und dazu gehört auch Geographie«, – und mit der Ausrichtung, die dem Unterricht in diesen Fächern gegeben wird, würde ich hinzufügen – »wird jeder Schüler, der diese Ausbildung beendet, die notwendigen Kenntnisse besitzen, um ein fortschrittlicher Landwirt, Mechaniker oder Krankenpfleger zu werden.«
Mit der zweiten Stufe, der allgemeinen polyvalenten Ausbildung, wird einerseits versucht, den verschiedenen Bedürfnissen des Landes durch die Ausbildung von Kadern Rechnung zu tragen, andererseits den jungen Menschen die Möglichkeit geboten, sich für diesen oder jenen Sektor zu entscheiden. Die wissenschaftliche Ausbildung wird mit der allgemeinen integralen Ausbildung weiter intensiviert, wobei militantes Engagement und soziale Verantwortung unbedingt erforderlich sind in einer Tätigkeit, die permanent der kritischen Reflexion ausgesetzt ist.
»Aber vor allem«, erläutert der Minister, »werden praktische Aktivitäten entwickelt werden, die je nach den Besonderheiten der Region, in der die Schule sich befindet, variieren können. Wir können nicht darauf verzichten, daß die Schüler sich durch praktische Erfahrung

Kenntnisse des Tischlerns, der Elektrizität oder der Landwirtschaft aneignen.«

Das Projekt sieht außerdem noch die Einrichtung von berufsbildenden Schulen vor, in denen die Fachausbildung jedoch niemals zu Fachidiotie verkommen wird. »Schulen für die Ausbildung von Lehrern für den ersten Teil der Grundschule sowie Fachschulen für Krankenpflegepersonal, Landwirte, Zimmerleute, Schlosser etc., immer entsprechend den Bedürfnissen des Landes.« Diese Schulen sollen auch mit den direkt an der Ausbildung interessierten Ministerien in Verbindung stehen und nicht nur mit dem Erziehungsministerium.

Mit der mittleren polytechnischen Ausbildung soll, entsprechend den jeweiligen Bedürfnissen, in einer Reihe von Instituten die Ausbildung der vorherigen Stufen weitergeführt, intensiviert und noch breiter diversifiziert werden.

Das Hauptziel ist die Ausbildung von nichtakademischen Technikern auf verschiedenen Gebieten, die für die Veränderung des Landes dringend benötigt werden. Dabei soll jedoch vermieden werden, diese Techniker zu verfremdeten, nur auf ihre Spezialisierung ausgerichteten Fachkräften zu machen.

Folgende Lehranstalten sind auf dieser Ebene vorgesehen: das Institut für technische Berufe, das Pädagogische Institut, in dem die Lehrkräfte für die Grund- und weiterführenden Schulen ausgebildet werden, eine Krankenpflegerschule und eine Fachschule für Sozialwissenschaften.

Es wird auch an die Schaffung eines Institutes für Verwaltungs- und Büropersonal gedacht sowie an ein Institut für Agrarwissenschaft, in dem Führungskräfte für den Agrarsektor ausgebildet werden sollen.

Die jungen Leute, die in diesen Fachschulen ausgebildet werden, können je nach den Bedürfnissen des Landes anschließend ein Hochschulstudium im Ausland absolvieren. Viele werden jedoch weiter direkt am nationalen Wiederaufbau mitarbeiten müssen.

Der Übergang von einem dieser Institute an eine ausländische Universität setzt allerdings voraus, daß bestimmte Bedingungen erfüllt werden. »Nur diejenigen, die den größten Sachverstand gezeigt haben, die sich am stärksten engagiert haben, die Fähigsten, die mit der größten Hingabe gearbeitet haben, werden ein Auslandsstudium absolvieren können«, sagt der Minister Mário Cabral.

Natürlich gibt es aber auch Kriterien für den Übergang von einer Stufe zur nächsten, also von der Grundschule zur allgemeinen polyvalenten und von dieser zur mittleren polytechnischen Schule. Die Kandidaten gelangen zur nächsten Stufe »entsprechend der Qualitäten, die sie auf der vorausgegangenen Stufe gezeigt haben«. Es wird der Nachweis verlangt für die Ernsthaftigkeit in ihrer Arbeit, für ihre wissenschaftliche und technische Qualifikation entsprechend der Stufe, von der sie kommen sowie der Nachweis »ihrer moralischen und kämpferischen Qualitäten«.

Einer der wichtigsten Aspekte dieses Projektes, den ich bereits genannt habe, ist die Tatsache, daß die Beziehungen zwischen den verschiedenen Ebenen, aus denen sich das Erziehungssystem zusammensetzt, dieses System nicht zu einem »Trichter« reduzieren. Hier wird nicht in einer Stufe für die nächste Stufe »ausgebildet« oder vorbereitet. Der Schüler, der nicht über die Grundausbildung hinausgelangt, wird also selbst dann, wenn er nicht die Möglichkeit hat, seine Kenntnisse in systematischer Form zu erweitern, eine gut fundierte Grundausbildung erhalten haben, die es ihm ermöglicht, als bewußter Kämpfer am Wiederaufbau des Landes zu partizipieren.

Ein solches Projekt zu realisieren – in bestimmten Punkten wurde damit bereits begonnen – erfordert eine ungeheure Anstrengung in der Ausbildung der Lehrer, die in der Lage sein müssen, durch die Ausbildung von anderen als Multiplikatoren zu wirken. Mário Cabral sagt hierzu folgendes: »Die Ausbildung von Lehrern ist eine der Hauptaufgaben des Erziehungsministeriums. Wir werden nichts in der Ausbildung von Kadern für die verschiedenen Bereiche des nationalen Wiederaufbaus erreichen, wenn wir nicht über sowohl quantitativ als auch qualitativ ausreichende Lehrer verfügen. Wir haben bereits die Mittel zur Einrichtung einer Lehrerbildungsstätte beschaffen können. Wir denken daran, dieses Institut im Zentrum des Landes, vielleicht in Mansabá, einzurichten.«

Das Ministerium hat die Absicht, zunächst 250 Monitoren auszubilden, die nach einem Jahr Erfahrung auf dem Lande an Recycling-Seminaren teilnehmen sollen, in denen sie ihre eigene Arbeit auswerten.

Das Institut wird Lehrkräfte für die verschiedenen Ebenen des Erziehungssystems ausbilden, wobei die Kandidaten je nach der Stufe, für die sie ausgebildet werden sollen, unterschiedliche Zulassungsbedingungen erfüllen müssen.

Wer sich also zum Lehrer für den ersten Abschnitt der Grundschule ausbilden lassen will, muß als Aufnahmebedingung den Nachweis erbringen, daß er die sechste Klasse besucht hat. Seine Ausbildung wird bereits drei Jahre dauern. Wer im zweiten Abschnitt der Grundschule unterrichten will, muß die neunte Klasse abgeschlossen haben und ebenfalls eine dreijährige Ausbildung absolvieren.

Für die allgemeine polyvalente Stufe müssen die Kandidaten die elfte Klasse besucht haben, die entsprechende Ausbildung dauert gleichfalls drei Jahre.

»Wir können sagen«, sagt Cabral, »daß dieses Institut ein Embryo der ersten Universität des Landes sein wird. Wir werden auch noch Lehrer für die Ausbildung der Lehrer haben. Diese müssen einen elfjährigen Schulbesuch nachweisen, dem sich eine vierjährige Ausbildung in einem Pädagogischen Institut anschließt.«

Ich glaube nicht – dies schiebe ich hier sozusagen ein – daß ich den Geist des Erziehungsministeriums von Guinea Bissau verrate, wenn ich sage, daß das Gewicht, wie mehrfach auf diesen Seiten betont, das das Ministerium der graduellen wissenschaftlichen Ausbildung der Schüler beimißt und beimessen will, die zu einer immer kritischeren Auseinandersetzung mit der Realität im Einwirken auf diese Realität führen soll, nichts mit einer wissenschaftsgläubigen Haltung zu tun hat, in der die Wissenschaft mystifiziert und die Vernunft geknebelt würde. Und ebenso wenig läßt sich das Erziehungsministerium durch die Erkenntnis, daß die Beziehungen zwischen Erziehung und Produktion notwendig sind und daß die eine auf der anderen aufbauen muß, zur Mystifizierung der Produktion und damit des Konsums verleiten.

So lange ich nun schon von den guineischen Erfahrungen lerne, scheint mir einer der wesentlichsten Aspekte des im Aufbau begriffenen Erziehungssystems zu sein, daß die Schüler angehalten werden, neben ihrer unbedingt notwendigen wissenschaftlichen Ausbildung und gleichzeitigen adäquaten Praxis, Solidarität, soziale Verantwortung, Freude an freier Arbeit als Quelle der Erkenntnis in der Produktion des gesellschaftlich Notwendigen und echte Kameradschaft zu entwickeln und kein Konkurrenzdenken, wie der Individualismus es hervorbringt. Und indem das Erziehungsministerium sich dieser Aufgabe verschreibt, leistet es seinen Beitrag zur Formung des neuen Menschen. »Das wirkliche Ziel des neuen Systems«, sagt Mário Cabral ausdrücklich, »ist die Beseitigung der Reste des kolonialen Systems, damit wir die von der PAIGC vorgezeichneten Ziele verwirklichen können: einen neuen Menschen schaffen, einen Arbeiter, der sich seiner historischen Verantwortung und seiner tatsächlichen schöpferischen Partizipation an den sozialen Veränderungen bewußt ist. Wir hoffen, diesen Wunsch durch die immer realere Erkenntnis der konkreten Bedürfnisse des Landes, durch die Definition unseres Entwicklungsprojektes und durch die in den schulischen Institutionen geleistete Arbeit mit Hilfe von Diskussionen in den kollektiven Organen verwirklichen zu können, wobei diese Diskussionen nicht nur technische Aspekte zum Inhalt haben, sondern auch die tatsächlichen Lebensbedürfnisse.«

Später warnt er jedoch, daß »das gesamte Projekt zur Veränderung des nationalen Erziehungssystems zu nichts führen wird, wenn nicht

auch auf den übrigen Sektoren wirkliche Veränderungen stattfinden«.
»Es ist möglich«, sagte Mário Cabral bei unserer letzten Begegnung in Bissau im September dieses Jahres, »daß in bestimmten Fällen die Erziehung den Anstoß gibt. Doch müssen die strukturellen Veränderungen zur Unterstützung dieses Anstoßes geleistet werden, damit die darin angekündigte Praxis konkrete Gestalt annimmt.«

Der allgemeinen Praxis in Guinea Bissau entsprechend – offene Diskussionen, die immer von der PAIGC und der Regierung unterstützt werden –, zog der Minister Mário Cabral kürzlich auf einer großen Versammlung in Bissau, an der Schüler mit ihren Familien, Lehrer, Funktionäre des Erziehungsministeriums sowie allgemein Interessierte teilnahmen, die Bilanz der Aktivitäten des vergangenen Schuljahres. Dabei sprach er auch von den Hauptaufgaben des Erziehungsministeriums im folgenden Schuljahr, das als das »Zweite Organisationsjahr« gilt*.
Der gesamte erste Teil seiner klaren und direkten Rede behandelt die Schwierigkeiten und Probleme, denen sie seit Oktober 1974, als die PAIGC in Bissau einzog und die Regierung des gesamten Landes übernahm, begegnen mußten. Er spricht von dem Massenrückzug von Lehrern weiterführender Schulen, die sich in der Mehrzahl zusammensetzten aus »Militärs, die sich hier befanden, um unser Volk zu unterdrükken und zu verhindern, daß wir uns weiter auf den Fortschritt hinbewegen«. Er spricht von der mangelnden Erfahrung in der Leitung eines Erziehungsministeriums und dessen Organisation, von der Planung, der Organisation von Lehrplänen, von dem Problem, vor dem Erbe des kolonialen Erziehungssystems zu stehen und genau zu wissen, daß es nicht über Nacht zu ändern ist. Aus diesem Grunde, betont der Minister, wurde auch die von einigen vertretene Idee abgelehnt, systematisch sämtliche Schulen zu schließen. »Sie wollten, daß wir unsere Schulen schließen, um das Ministerium neu zu organisieren. Damit wir einen Unterricht erteilen könnten, wie er sein soll, in der entsprechenden Qualität und mit den notwendigen Mitteln. Aber das war ein Traum. Wir wären heute noch nicht in der Lage, mit dem Unterricht zu beginnen, weil es uns bis heute nicht gelungen ist, die dafür erforderlichen Mittel aufzubringen.«
Er spricht von den Erfolgen und den Fehlern, der engagierten Arbeit vieler und dem Versagen weniger. Unter dem Hinweis, welche Bedeutung der Zeitraum von September 1974 bis September 1975 als Lehr-

* NO PINTCHA – November 1976.

zeit für alle Beteiligten hatte, die sich den Aufgaben der Erziehung gewidmet hatten, bezeichnet er diesen Zeitraum als »Versuchsjahr«, weshalb das darauf folgende Jahr zwangsläufig ein »Erstes Organisationsjahr« sein mußte.
In der Analyse der Arbeit, die in dem abgeschlossenen »Ersten Organisationsjahr« geleistet worden ist, kritisierte er noch einmal die Fehler, die es zu kritisieren und nicht zu verbergen galt, betonte aber auch die Erfolge und hob den Kampfgeist der Mehrzahl seiner Genossen im Erziehungswesen hervor; er sprach nicht nur von den Schwierigkeiten, sondern auch von der Arbeit, die in der Strukturierung des Erziehungsministeriums vollbracht worden war; von den mit der Strukturierung erzielten Ergebnissen und nannte als Beispiel die Schaffung von »kollektiven Organen wie der Direktionsrat, der Rat des Technischen Lehrkörpers und der Verwaltungsrat«. Diese Organe arbeiteten dynamisch und ermöglichten die permanente Diskussion über den Stand des Erziehungswesens im Lande.
Das Wesentliche an diesen Organen ist natürlich nicht die Tatsache, daß sie überhaupt innerhalb des Ministeriums existieren, denn es gibt sie auch in anderen Erziehungsministerien. Das Wesentliche ist, daß ihre Arbeit in Einklang mit den angestrebten Zielen steht, daß sie in einer Atmosphäre des Suchens, des Dialogs geleistet wird.
Ihre Tätigkeit »gibt uns tatsächlich die Möglichkeit«, sagt Cabral, »mit unserer Arbeit ein gutes Stück voranzukommen.«
Im Zusammenhang mit dem im Aufbau begriffenen Erziehungssystem, das von der Praxis ausgeht – über die auch in den genannten Organen ständig reflektiert wird –, war die Rede davon, daß eines seiner zentralen Anliegen die Beziehungen zwischen der Schule, gleich welcher Ebene, und der lokalen, regionalen und nationalen Realität ist.
Hier wäre es meines Erachtens von Interesse, noch einmal zu Mário Cabral und seinem Rechenschaftsbericht zurückzukehren, der auf diesen Seiten zitiert und kommentiert wurde. »Eines der Hauptziele bei der Veränderung unseres Erziehungswesens«, sagte er, »ist, die Verbindung zwischen der Schule und dem Leben herzustellen – die Verbindung mit der Gemeinde, in der die Schule sich befindet; mit dem Dorf, dem Stadtviertel. Die Verbindung zwischen der Schule und der produktiven Arbeit, vor allem in der Landwirtschaft herzustellen; sie näher an die Massenorganisationen heranzurücken – an die JAAC, die Pioniere, die Gewerkschaften, die Frauenorganisationen. Wir können sagen, daß diese Arbeit geleistet worden ist, in verschiedenen Regionen sogar mit großem Erfolg. In der Region Bafatá zum Beispiel produzieren 96 von 106 Schulen landwirtschaftliche Erzeugnisse auf

eigenen Feldern. Auch in Bissau ist viel getan worden, obwohl wir dort nicht die gleichen Ergebnisse erzielt haben.«

»Die maximale Verbindung zwischen Schule und produktiver Arbeit, zwischen Schule und ortsansässiger Bevölkerung«, fährt Mário Cabral fort, »haben wir jedoch in der Schule von Có mit der Integrierung der Schule in kulturelle Aktivitäten der Bevölkerung erreicht. Für das vergangene Schuljahr können wir die Schule von Có als die beste Schule des Landes bezeichnen.«

Ich werde später einige Seiten dieser Schule oder, genauer gesagt, dem Lehrerausbildungszentrum Maxim Gorki widmen, weil diese Institution ganz bestimmt eine wichtige Rolle für das Erziehungswesen des Landes spielt und weil sie darüber hinaus sich in besonderem Maße um die Erwachsenenalphabetisierung bemüht.

Dieses Zentrum hat uns, besonders Elza und mich, so sehr in seinen Bann gezogen, daß wir es bei keiner unserer Reisen nach Guinea Bissau versäumen, ihm einen Besuch abzustatten. Immer wieder hat uns beeindruckt, wie sehr die Lehrer dieses Zentrums in ihrer Arbeit aufgehen und mit welch kritischem Optimismus sie ihre Aufgabe meistern.

Wenn ich jetzt wieder zum Bericht des Erziehungsministers über die Arbeit des Schuljahres 1975/76 zurückkehre, möchte ich die folgenden von ihm genannten Punkte festhalten: Teilnahme der Gymnasialschüler von Bissau an produktiver Arbeit; Schaffung eines Parteikomitees auf Grundschulebene, dem sich nach und nach die Lehrer angeschlossen haben, denen es gelungen ist, nicht nur die notwendige und richtige Militanz zu entwickeln, sondern auch eine wichtige kulturelle Arbeit zu leisten – darunter ein außergewöhnlicher Beitrag der Schulkinder zum 20. Jahrestag der Gründung der PAIGC in Form von »Massengymnastik«-Darbietungen, die mit Hilfe der Lehrer realisiert wurden; Seminare, in denen die für das Erziehungswesen in den einzelnen Regionen Verantwortlichen gemeinsam ihre Schwierigkeiten diskutieren und Erfahrungen aus dem Bemühen um Überwindung dieser Schwierigkeiten austauschen, und damit sich selbst fortbilden, um ihre Genossen besser ausbilden zu können.

»Zu erwähnen ist auch«, sagt Cabral, »daß es uns ebenfalls in diesem Jahr gelungen ist, die Ausbildung von 30 Grundschullehrern zu beenden, was einer größeren Anzahl von Kadern entspricht, als die portugiesischen Kolonialisten in ihrer insgesamt 500 Jahre währenden Herrschaft ausgebildet haben.«

Diese Zahl sagt wohl genug aus über die Vorbildlichkeit des Kolonialismus ...

Den letzten Teil seiner Bilanz widmet Mário Cabral den Hauptauf-

gaben des Erziehungsministeriums für das Schuljahr 1976/77, das »Zweite Organisationsjahr«. Es handelt sich um drei Aufgabenbereiche. Der erste ist die Teilnahme sämtlicher Schulen am Dritten Parteikongreß. »Aber wie, Genossen, werden wir unseren Beitrag zu diesem Kongreß leisten können?« fragt er.
Seine eigene Antwort auf diese Frage gibt Anlaß zum Nachdenken. Weder schlägt er vor, noch viel weniger bestimmt er, daß die Schüler des Landes etwa eine mechanische Hausarbeit über die Richtlinien der PAIGC anfertigen sollen, deren Ergebnis mehr oder weniger genormte »Aufsätze« über die Partei und ihren Kongreß wären. Als guter Kämpfer der Partei, der ihre Prinzipien kennt, weil er selbst sich seit langem in der Konkretisierung dieser Prinzipien formt, weiß der Minister sehr wohl, daß dies nicht der Weg wäre, auf dem das Erziehungsministerium die Schüler und Lehrer motivieren könnte, einen echten Beitrag zum Kongreß der PAIGC zu leisten. Er regt auch nicht auf geschickt versteckte Weise etwa einen Massenbeitritt zur Partei an, weil er ebenso weiß, daß die PAIGC bewußte Kämpfer braucht und keine »Mitglieder«, die ihr nur zufällig beitreten.
Dagegen richtet er an Lehrer und Schüler den Appell, gemeinsam so viel wie möglich daran zu arbeiten, daß noch bessere Resultate als im abgeschlossenen Schuljahr erzielt werden. Die bewußte Beteiligung an einem solchen Bemühen wäre eine der möglichen Formen, im Jahr des Dritten Kongresses ihren Beitrag zu leisten.
»Die zweite Aufgabe, der wir uns widmen werden, ist die Organisation einer nationalen Alphabetisierungskampagne«, sagt der Minister und berichtet, was bereits getan worden ist und was im folgenden Schuljahr ausgeweitet und intensiviert werden muß. In diesem Zusammenhang erwähnt er die in den verschiedenen Regionen des Landes geleistete Arbeit der »Brigaden«, die von der Koordinierungskommission für die Alphabetisierung ausgebildet und angeleitet werden.
»In diesem Jahr sind wir auf das Land gegangen. Im nächsten Jahr benötigen wir eine noch größere Beteiligung unserer Studenten und zwar nicht nur aus Bissau, sondern auch aus anderen Regionen des Landes.«
Zu der zweiten Aufgabe gehört auch ein Projekt der Regierung, das von dem Erziehungsministerium für das folgende Jahr vorbereitet wird: ein erstes Seminar, das in Bissau stattfinden soll und an dem Delegationen der Erziehungsministerien von den Kapverden, São Tomé und Principe sowie Angola und Moçambique teilnehmen sollen. Sinn dieser Veranstaltung ist die Auswertung der Arbeit, die in allen diesen Ländern und natürlich auch in Guinea Bissau in der allgemeinen Erziehung und der Erwachsenenalphabetisierung geleistet worden ist.

Eine solche Begegnung könnte nicht nur ungemein lehrreich für alle Beteiligten sein, sondern auch die Zusammenarbeit zwischen diesen Ländern intensivieren, die, ungeachtet ihrer jeweiligen Besonderheiten, sich doch in dem gemeinsamen Kampf um den nationalen Wiederaufbau befinden.
Die dritte Aufgabe bezieht sich auf die Verbindung von Schule und produktiver Arbeit, die dort, wo sie bereits besteht, verbessert und im übrigen auf Landesebene so weit wie möglich hergestellt werden soll.
»Unser Genosse Amilcar Cabral pflegte zu sagen: ›Ich bin nur ein Afrikaner, der bezahlen wollte, was er seinem Volk schuldete und der seine Zeit erleben wollte.‹ Laßt uns alle unsere Schulden bezahlen und unsere Zeit erleben! Die Zeit der totalen Befreiung, der Unabhängigkeit, die von uns ebenfalls totales Engagement im Kampf gegen Analphabetentum und Unterentwicklung und für den nationalen Wiederaufbau verlangt«, schloß der Minister.
Ich weiß nicht, ob ich in der Lage sein werde, mit dieser Einführung – mit der ich meine Leserinnen und Leser hoffentlich nicht allzu sehr langweile – das zu erreichen, was ich damit beabsichtigt habe: ihnen ein Bild von dem zu vermitteln, was in Guinea Bissau geschieht, auch wenn ich sehr wohl weiß, daß dieses Bild niemals vollständig sein würde. Die Projekte, die dort realisiert werden, betreffen uns ganz direkt, und wir haben viel daraus gelernt. Und wenn wir für die Fortentwicklung dieser Arbeit in einigen Bereichen einen minimalen Beitrag geleistet haben, dann geschah dies aus Engagement für die Sache und nicht aus eng begrenztem Berufsinteresse.
Die guineischen Versuche enthalten eine solche Fülle an Vielfalt, daß es unmöglich ist, mit wenigen Worten darüber zu sprechen. Deshalb berichte ich so ausführlich, obwohl ich mir auferlegt habe, bestimmte Aspekte und Details beiseite zu lassen, obgleich ich sehr wohl weiß, daß auch sie wichtig sind.

In der Intention, diese mir selbst gesetzte Aufgabe zu erfüllen, widme ich die folgenden Seiten einem Bericht über das Ausbildungszentrum Maxim Gorki.
Zusammen mit dem IDAC-Team besuchten Elza und ich das Zentrum im Februar dieses Jahres zum erstenmal.
Das Zentrum befindet sich in Có, einem kleinen Dorf im Gebiet von Cacheu, etwa 50 km nördlich von Bissau. Frühmorgens auf der Fahrt nach Có berichtete Mário Cabral begeistert von dieser Schule und ihrer jungen Geschichte.
Im November des vergangenen Jahres hatte eine Gruppe von Lehrern

ihn aufgesucht und ihm ohne Umschweife ihr Projekt unterbreitet. Sie wollten ein Ausbildungs- und Umschulungszentrum für Lehrer in einer alten Kaserne der Kolonialstreitkräfte einrichten, die seit der Unabhängigkeit des Landes leer stand. Es ging dabei um eine der vielen, im allgemeinen mit Stacheldraht und Minengürteln umsäumten Kasernen, mit denen die portugiesischen Kolonialisten das Land übersät hatten und in denen sie immer mehr zu Gefangenen ihrer selbst geworden waren.
Um die Einrichtungen hygienischer zu gestalten und in jedem Sinne zu verbessern, gab es einiges zu tun. Vorher war die Anlage eine Festung der Invasoren gewesen und auch ein Zentrum, aber ein Zentrum, in dem die Kolonialisten die Einheimischen, vor deren Standhaftigkeit sie nicht selten Angst bekamen, zu Tode gefoltert hatten.
So gesehen trug die Kaserne, ohne es zu wollen, zur Entstehung des zukünftigen politisch-pädagogischen Ausbildungszentrums bei, dessen erste Lehrer die Helden des Volkes waren, die dort von kolonialistischer Gewalt gefoltert und getötet worden waren. Im September dieses Jahres habe ich das Grab eines dieser Helden besucht; Ortsansässige, die wußten, welchen Preis viele der ihren hatten zahlen müssen für den Widerstand und den Mut, mit ihrem Volk leben zu wollen, hatten es kurz zuvor identifiziert.
Zum Zeitpunkt unseres Besuches waren vier Monate vergangen, nachdem diese Gruppe von Lehrern, die alle im Krieg mitgekämpft hatten und aus Erfahrung wußten, was die Erziehung in den befreiten Gebieten bedeutet hatte, mit voller Kraft die Arbeit zur Errichtung des Zentrums aufgenommen hatten.
Als Widerspiegelung der Erfahrungen, die diese Lehrer in den befreiten Gebieten gemacht hatten, entstand das Zentrum aus der Einheit von Kopfarbeit und Handarbeit. Zum einen säuberten sie die verschmutzte Kaserne, kalkten die Nebengebäude, verbesserten die sanitären Anlagen, hackten Unkraut auf dem umliegenden Land, pflanzten Bäume und machten den Brunnen nutzbar, der ausgezeichnetes Wasser liefert; zum anderen widmeten sie täglich einige Stunden der theoretischen Arbeit, stellten Überlegungen über die administrative Organisation des Zentrums an, über die Möglichkeiten, es effektiv in das Leben des Dorfes zu integrieren und über seine politisch-pädagogische Arbeit, bereiteten sich also auf den Empfang der ersten Gruppe von Lehrgangsteilnehmern vor.
Aufgrund der Arbeit dieses Zentrums, die nicht in der verbalen Ausbildung und Umschulung von Lehrern in der Intimität ihrer Klassenräume besteht, sondern im Gegenteil in der Einheit von Theorie und

Praxis und der immer enger werdenden Gemeinschaft mit der umwohnenden Bevölkerung, vermittelt sich mir der Eindruck, daß hier täglich ein Schritt im Aufbau eines Volksuniversitätszentrums getan wird. Im Aufbau einer Universität, wie ich sie im ersten Teil dieser Einleitung erwähnt habe, die im Schoße der arbeitenden Bevölkerung entsteht, sich auf die produktive Arbeit gründet und sich der Systematisierung des Wissens widmet, das aus der Praxis resultiert. Aus diesem Grunde bemüht sich das Zentrum von Có, getreu dem Geist der Erziehung in den befreiten Gebieten, bestimmte Dichotomien zu überwinden, denn anders wäre es nicht möglich, diesen Weg weiterzugehen. Ich meine damit die bereits erwähnte Dichotomie zwischen Handarbeit und Kopfarbeit und zwischen Lernen und Lehren.

Die Überwindung der ersten Dichotomie, die zwangsläufig mit der Überwindung der Trennung zwischen Theorie und Praxis einhergeht, wird intensiv praktiziert. Es kann nicht oft genug wiederholt werden, daß das Zentrum aus dem Bemühen um diese Überwindung entstanden ist. Außerdem steht die gesamte Ausbildungsarbeit des Zentrums, seit die erste Klasse von Lehrgangsteilnehmern eintraf, im Einklang mit diesem Prinzip. Alle Beteiligten widmen sich im gleichen Maße der produktiven wie der intellektuellen Arbeit.

Im September habe ich ihre Felder gesehen. Mais, Maniok, Kartoffeln, Obst, Gemüse, dazu kommt heute, in Zusammenarbeit mit dem Landwirtschaftsministerium, die Aufzucht von Hühnern, Enten, Schweinen und Schafen, so daß das Zentrum sich allmählich selbst versorgen kann.

Selbst wenn die Tatsache, daß sich alle an der produktiven Arbeit beteiligen, für sich allein schon positiv genug ist, wäre es schade, wenn zum einen die produktive Arbeit Quelle von nur landwirtschaftlichen und nicht breiter gefächerten Kenntnissen wäre und zum anderen, wenn die Ausbildung und Umschulung der teilnehmenden Lehrer etwa aus dem Grundschulbereich nicht auf der Praxis dieser produktiven Arbeit aufbauen würde. Mit anderen Worten, wenn die Lehrgangsteilnehmer nach der Arbeit auf dem Felde, nach dem Säubern der Nebengebäude in ihre Klassenräume gingen, um sich dort die herkömmlichen Vorträge über die Kunst des Unterrichtens anzuhören. Solange das Zentrum über keine eigene Versuchsgrundschule verfügt – die auf jeden Fall seine Leistungsfähigkeit steigern wird –, arbeitet es mit einer nahe gelegenen Grundschule im gleichen Ort zusammen, um die Lehrgangsteilnehmer im Unterricht beobachten zu können.

Wenngleich das Zentrum noch immer mit enormen materiellen Schwierigkeiten zu kämpfen hat, die hier nicht einmal aufgezählt zu werden brauchen, baut die Ausbildung auf der Analyse der Praxis auf. Zum anderen versucht man, auch darin die Einheit von Lehren und Lernen einzuhalten. Diese Einheit wird nicht nur in der Lehrtätigkeit des Zentrums zwischen Lehrkörper und Lehrgangsteilnehmern praktiziert, sondern auch von diesen gemeinsam als größerer Gruppe in ihren ständig enger werdenden Beziehungen zu der Bevölkerung der umliegenden Dörfer.

Denn erst in der dialektischen Einheit von Lehren und Lernen gewinnt der Satz: »Wer etwas weiß, der lehrt es den, der es nicht weiß« seinen revolutionären Sinn. Dies bedeutet, daß der Wissende sich erstens bewußt ist, daß der Prozeß, in dem er etwas gelernt hat, ein gesellschaftlicher Prozeß ist; zweitens, daß er auch weiß, wenn er sein Wissen einem anderen vermittelt, der dieses nicht hat, daß er von dem anderen etwas lernen kann, was er vorher nicht wußte. Dies ist der Geist, der an der Schule von Có herrscht. Der Geist, in dem die PAIGC handelt und der ihre politisch-pädagogische Arbeit seit ihrer Gründung in Bissau geprägt hat, so wie er auch im Institut zur Kaderausbildung in Conakry vor allem durch das lebende Beispiel von Amilcar Cabral geherrscht hat. Es ist der Geist, der den Kampf vorantreibt und die Erziehung in den befreiten Gebieten beseelt, die in der Schule von Có ihre Fortsetzung gefunden hat.

Zur Zeit planen die Lehrer des Zentrums, mit der Unterstützung des Ministers Mário Cabral Seminare durchzuführen, in denen sie sich intensiv mit Problemen der allgemeinen Erziehung und der Sozialwissenschaften beschäftigen wollen, um ihre Ausbildungstätigkeit effizienter zu gestalten.

Obwohl aus dem bisher Gesagten unschwer zu entnehmen ist, daß die in allen Aktivitäten vorhandene politische Dimension besonders betont wird, sollte dieser Aspekt meines Erachtens doch hervorgehoben werden. Die Entstehung des Zentrums war eben nicht nur aufgrund jenes realisierbaren Traumes einer Lehrergruppe und dank der Unterstützung des Erziehungsministeriums möglich. Zu dem Traum jener Gruppe gehörte auch die Gewißheit, daß das Zentrum nicht von heute auf morgen wie ein Geschenk an das Dorf entstehen konnte. Der Traum der Gruppe mußte auch von der Gemeinde als etwas ihr Eigenes angenommen werden, sonst wäre er sinnlos gewesen, so wie auch der Traum von der Befreiung jener Männer und Frauen, die an Amilcar Cabrals Seite die PAIGC schufen, von dem Volk Guineas und der Kapverden verinnerlicht werden mußte, ehe er Wirklichkeit werden konnte. Deshalb begann die Gruppe zunächst mit politischer Arbeit auf der Ebene von Dorfkomitees, wo die Bevölkerung bereits in der Diskussion über die Errichtung des Zentrums mobilisiert wurde, sich aktiv daran zu beteiligen. So begannen die Bevölkerung und die Lehrergruppe mit vereinten Kräften, die ehemalige Kaserne zu säubern und das Unkraut auf dem Gelände zu jäten, wobei die Bevölkerung sogar ihre eigenen Arbeitsgeräte mitbrachte.

Mit der gemeinschaftlichen Arbeit wurde auf diese Weise ein Dialog zwischen der Bevölkerung der umliegenden Dörfer und dem Zentrum besiegelt, der seitdem ständig weiterwächst.

Dank dieser festgefügten Gemeinschaft, in der die Bevölkerung die Schule als ihr eigenes Zentrum begreift, konnte im Juni dieses Jahres einer der besten Versuche auf dem Gebiet der Erwachsenenalphabetisierung in Guinea Bissau begonnen werden. Wir hatten Gelegenheit, dieses Experiment im September in Augenschein zu nehmen.

In diesem Versuch, der von Lehrgangsteilnehmern durchgeführt wurde, die von Mitgliedern der Comissão Coordenadora dos Trabalhos de Alfabetização de Adultos (Kommission zur Koordinierung der Alphabetisierungsarbeit mit Erwachsenen) ausgebildet worden waren, wurde die beste sozio-ökonomische und kulturelle Erhebung eines Gebietes in Guinea Bissau gemacht; aus dieser Erhebung wurden die passenden generativen Wörter ausgesucht, mit denen die Alphabetisierung in jener dialektischen Form begonnen wurde, von der hier schon so oft die Rede gewesen ist.

Nach und nach, immer in Gemeinschaft mit der Bevölkerung der Dörfer, intensiviert das Zentrum seine Arbeit und weitet sie aus. »Wir haben getan, was möglich war«, sagte Jorge Ampa, der Leiter des Zentrums, »um das Ziel unserer Schule zu erreichen, d. h. sie mit dem Leben der Bevölkerung in Verbindung zu bringen. Wir haben einen Sanitätsposten, der mit drei Lehrgangsteilnehmern besetzt ist, die eine Ausbildung in Erster Hilfe haben. Sie werden täglich in Anspruch genommen, manchmal mehr als hundertmal in einem Monat. In der Zeit von April bis Juli«, fährt Ampa fort, »wurden 294 Kranke behandelt.«

Gemäß der Politik des Gesundheitsministeriums, das der Präventivmedizin Vorrang einräumt, widmet sich das Zentrum so intensiv wie möglich der Gesundheitserziehung der Bevölkerung und führt in Zusammenarbeit mit den Dorfkomitees Veranstaltungen durch, in denen bestimmte »magische Aspekte« diskutiert werden, die mit der Gesundheit in Verbindung stehen, »Schwächen der Kultur«, wie Amilcar Cabral sie nannte.

Diese Versammlungen oder Seminare, in denen mit der Bevölkerung Probleme der Gesundheit diskutiert werden – manchmal auf dem nackten Erdboden auf einem kleinen Platz in der Mitte eines Dorfes, manchmal im Schatten eines Baumes oder in von der Bevölkerung errichteten Strohhütten, ähnlich denen, in denen ich die Kulturzirkel habe arbeiten sehen –, beschäftigen sich ständig mit der Analyse der sozialen Wirklichkeit der Gemeinde. Die Welt zu begreifen, die sich in dieser Wirklichkeit fortentwickelt, daran arbeitet das Zentrum mit der Bevölkerung – und dies ist auch immer ein Ziel der PAIGC gewesen. Um die »Schwächen der Kultur« zu überwinden, die sich in der sozialen Praxis auftun, muß letztlich diese Praxis grundlegend verändert werden und zwar durch die sich allmählich in den gesellschaftlichen Produktionsverhältnissen vollziehenden Veränderungen. Da aber diese Überwindung nicht mechanischer, sondern dialektischer Art ist, kommt dem darauf abzielenden politisch-pädagogischen Handeln besonderes, ja fundamentales Gewicht zu. Zum anderen und gerade deshalb wird in diesen Seminaren über Gesundheitserziehung für gewöhnlich das Problem Gesundheit mit einem kritischen Verständnis des nationalen Wiederaufbaus verknüpft; dies bedeutet, das Gesundheitsproblem auch zur Produktion in Bezug zu setzen, vor allem zur Produktionsform sowie zu den gesellschaftlichen Verhältnissen, die sich in der einen oder anderen Produktionsform fortsetzen. Diese Gespräche münden natürlich zwangsläufig in politische Diskussionen.

Dieses Bemühen um Politisierung, sei es im Zusammenhang mit der Gesundheitserziehung, mit der Produktion oder mit der Erwachsenenalphabetisierung, die im Grunde doch alle miteinander verbunden sind, erreicht allmählich auch die Grundschullehrer in den kleineren Schulen im größeren Umkreis des Zentrums. Alle diese Aktionen finden jedoch immer, wie ich bereits betonte, in enger Zusammenarbeit mit dem politischen Dorfkomitee statt.

»Wir arbeiten mit dem Dorfkomitee zusammen«, sagt Ampa, »und wir nehmen auch an den Gemeindeversammlungen teil, deren Vorsitz das Komitee führt.«

Ich glaube jedoch, daß Probleme wie die Beziehungen zwischen Gesundheit, Erziehung und »Produktionsform, die in jeder Phase der Geschichte das Ergebnis der ständigen Suche nach einem dynamischen Gleichgewicht zwischen der Stufe der Produktionskräfte und der bestehenden gesellschaftlichen Nutzung dieser Kräfte ist«*, neben der spezifischen Ausbildung in den Bereichen Gesundheit und Landwirtschaft Gegenstand von Seminaren sein sollten, die mit dem Lehrkörper des Zentrums im Hinblick auf ihre Arbeit veranstaltet werden müßten, die sie in der Ausbildung von Lehrern leisten. Es müßten auch Semina-

* Amilcar Cabral, a.a.O., S. 320.

re stattfinden etwa über die Frage der kulturellen Verfremdung, die sich vor allem in bestimmten Bevölkerungsschichten durch die Kolonialherrschaft zwangsläufig eingestellt hat und mit der Amilcar Cabral sich wie immer so scharfsichtig auseinandergesetzt hat.

Denn je weiter die Schule von Có ihre Arbeit als Lehrerausbildungszentrum ausdehnt (der erste Lehrgang wurde von 30, der zweite von 60 Teilnehmern besucht, und im Schuljahr 77/78 wird das Zentrum 100 Teilnehmer aufnehmen können) und je stärker die Arbeitsgruppen des Zentrums ihre politisch-pädagogische Arbeit mit der Bevölkerung der Dörfer intensivieren, um so präzisere Kenntnisse der Wirklichkeit, auf die sie einwirken, werden von ihnen verlangt werden.

Sie begeben sich immer tiefer in den Prozeß des voneinander Lernens hinein und befinden sich somit in einem Erkenntnisakt, dessen Subjekte einerseits sie selbst und andererseits die Bevölkerungsgruppen sind, mit denen sie in den Dialog treten. Zweifellos lernen die Lehrer des Zentrums von und mit diesen Gruppen, doch haben sie eine Aufgabe, der sie sich nicht entziehen können und auf die sie sich vorbereiten müssen: jenen Gruppen zu helfen, im wahrsten Sinne dieses Wortes, durch die Analyse ihrer Praxis ihr aus dieser Praxis abgeleitetes Wissen allmählich zu systematisieren und auf diese Weise von der bloßen Meinung über Fakten zu deren kritischem Verständnis zu gelangen.

Eine solche Aufgabe, deren fundierte Weiterentwicklung das Zentrum zu der bereits erwähnten Volksuniversität machen würde, impliziert, daß die Lehrer und die Bevölkerungsgruppen ihre Alltäglichkeit zum Gegenstand ihrer Reflexion machen. Sie müssen »Abstand nehmen« von der Alltäglichkeit, in die sie im allgemeinen »hineingetaucht« sind und deren Ereignissen sie nicht selten eine unantastbare »Legalität« beimessen, um aus der Alltäglichkeit auftauchen und sie enthüllen zu können.

Die Voraussetzung für diesen Schritt ist jedoch, daß das »Abstandnehmen« von der Alltäglichkeit in der Analyse der bisherigen oder gegenwärtigen Praxis geschieht und sich auch auf die wie auch immer geartete, auf jeden Fall gesellschaftliche zukünftige Praxis erstreckt.

Die kritische Analyse ihrer Daseinsform innerhalb ihrer unmittelbarsten alltäglichen Welt, ihrem Dorf, und das Erkennen der Ursachen für die Ereignisse in dieser Welt werden die Bevölkerung dazu bringen, die engen Grenzen ihres Dorfes oder sogar des ganzen Umkreises zu überschreiten und einen Überblick über die Realität zu gewinnen, der unbedingt notwendig ist, um die Aufgabe des nationalen Wiederaufbaus zu begreifen.

Von daher ist ein politisch-pädagogisches Handeln wie dieses, das eine dialektische Erkenntnistheorie in die Praxis umsetzt, ein wesentlicher Aspekt des nationalen Wiederaufbaus. Seine Fortsetzung ist die Schaffung einer neuen Gesellschaft, einer Gesellschaft von Arbeitern, in der es einen neuen Typus des Intellektuellen geben muß – und dieser wird in der Einheit von Kopfarbeit und Handarbeit, von Theorie und Praxis geformt.

Die Schule von Có ist ein Zentrum, das zur Ausbildung dieses neuen Intellektuellen beiträgt, und sie wird es in der Zukunft noch besser tun können.

Ich bin überzeugt, daß die Schule von Có nach einigen Jahren der Arbeit, in der weder für eine statische noch für eine elitäre Wissenskonzeption Platz ist, zu jenem Universtitätszentrum werden wird, von dem ich bereits gesprochen habe, ohne daß sie jemals die Aufgabe vernachlässigen wird, die sie zusammen mit dem Volk erfüllen muß: die Systematisierung des im Volk vorhandenen Wissens, das dieses aus seiner eigenen Praxis gewinnt.

Es gibt keinen Grund für die Annahme, daß es dem Zentrum im Verlauf seiner Tätigkeit und entsprechend der wachsenden Wißbegier der Bevölkerungsgruppen, mit denen es zu arbeiten begonnen hat, nicht eines Tages möglich sein sollte, je nach den von der Bevölkerung empfundenen und von ihr vertretenen lokalen, regionalen und nationalen Bedürfnissen Personen aus der Dorfgemeinschaft zu Krankenpflegern, Agrartechnikern, Geflügelzüchtern, Mechanikern und Elektrikern auszubilden. Die Ausbildung solcher Fachkräfte würde damit nicht abgeschlossen sein, sondern sich in der ständigen Auswertung und Bewertung ihrer Arbeit fortsetzen und intensivieren.

Das Wichtige ist, daß die Ausbildung dieser zukünftigen Fachkräfte, die aus einer großen Schule, nämlich dem Leben, kommen, nicht auf einem enggefaßten und naiven, sondern auf einem kritischen Verständnis der jeweiligen spezifischen Arbeit basiert und sich in den allgemeinen Rahmen der gesellschaftlichen Praxis einfügt, an der sie beteiligt sind. Und für ein kritisches Verständnis sowohl der spezifischen, als auch der gesellschaftlichen Praxis ist neben der technisch-berufsorientierten Ausbildung die politische Schulung notwendig.

Angesichts all dessen, was innerhalb und ausgehend von dieser Schule geschieht und was später auf der Grundlage des bereits Geleisteten noch geschaffen werden wird, wäre es ein Widerspruch, wenn die Verwaltung der Schule einzig in den Händen ihres Leiters läge. Das Gegenteil ist denn auch der Fall. Schulleiter, Lehrkörper und Lehrgangsteilnehmer wirken paritätisch in der Verwaltung mit. Einmal in der Woche versammelt sich das Führungsgremium, um Bilanz zu ziehen und die Arbeit der Vorwoche auszuwerten. Ohne Zeitbegrenzung werden Vorschläge und Probleme diskutiert, denn man vermeidet wenn irgend möglich, eine Entscheidung durch Abstimmung herbeiführen zu müssen. »Wenn wir abstimmen«, sagt Jorge Ampa, »dann geschieht es, weil wir uns uneins sind.«

Auf diesen Sitzungen werden Richtlinien für das Leben im Zentrum und die Arbeit in der Gemeinde entworfen und eingehend besprochen; diese Richtlinien werden der Vollversammlung, an der sämtliche Lehrgangsteilnehmer partizipieren, zur Diskussion unterbreitet. Auf den Vollversammlungen tauchen nicht selten neue Vorschläge auf, mit denen die Pläne des Führungsgremiums zum Vorteil des gemeinsamen Interesses erweitert werden.

Ein weiterer Widerspruch wäre es, wenn diese Schule, die mit dem Erziehungsministerium zusammenarbeitet, jedoch 50 km von ihm entfernt liegt und über äußerst schlechte Kommunikationsmittel verfügt, in der Lösung ihrer unmittelbarsten Probleme und der Organisation ihrer Arbeitspläne von dem Zentralorgan abhängig wäre. Das Essentielle ist, daß Harmonie besteht zwischen diesen Plänen und den Zielen der nationalen Erziehung, die das Erziehungsministerium in Übereinstimmung mit der von der Regierung vertretenen Politik der PAIGC zu bestimmen hat. Letztlich arbeitet das Erziehungsministerium auf nationaler Ebene wie die Schule von Có auf ihrer Ebene – offen und demokratisch. Anstatt Initiativen mit einer Unzahl bürokratischer Vorschriften zu ersticken, regt das Ministerium an und verlangt sogar Initiative und Kreativität, duldet nicht, daß sein Wirken sich in jener hin- und hertreibenden Papiermasse verliert, deren hauptsächliche Funktion zu sein scheint, daß einer sich um den anderen »kümmert« und damit die Leere der bürokratischen Wirkungslosigkeit füllt.

Weder im Erziehungsministerium noch in der Schule von Có gibt es wirkungslose, von Menschen »erfüllte« Leere. Die Schule von Có, die von den großartigen Erfahrungen aus der von der PAIGC in den befreiten Gebieten geleisteten Arbeit geprägt ist und die, wie ich bereits sagte, eindeutig diese Arbeit fortsetzt, ist zu einem Beispiel für Kreativität und Kampfgeist geworden.

»Im zweiten Organisationsjahr«, sagt der Schulleiter, »werden wir noch mehr und noch besser arbeiten und unsere Arbeit auf den Dritten Parteikongreß ausrichten, der in Kürze stattfinden wird.« Das Bemühen, die praktisch-theoretische Arbeit zu intensivieren, »soll unsere Grußbotschaft sein«. »Wenn wir im vergangenen Jahr 100 % Zustimmung erhalten haben, werden wir alles tun, um im nächsten Jahr das gleiche Ergebnis zu erzielen.«

Nicht umsonst wurde das Lehrerausbildungszentrum Maxim Gorki im vergangenen Schuljahr zur Modellschule des Landes erklärt.

Wenn ich jetzt in diesem Bericht fortfahre – der vielleicht ein wenig zu ausführlich erscheinen mag, doch notwendig ist, denn ohne ihn würden die folgenden Briefe meines Erachtens viel von ihrer Aussagekraft verlieren – so möchte ich noch einige, wenn auch nicht die letzten Erläuterungen zu einem Treffen geben, an dem wir im Februar dieses Jahres teilgenommen haben. Es handelt sich dabei um ein Treffen, das einige Kilometer nördlich der Schule von Có zwischen einer Gruppe aus einem Dorf und Vertretern des Erziehungsministeriums stattfand, an dem auch der politisch Verantwortliche des Gebietes zugegen war.
Es war das erste Mal, daß wir im Verlaufe unseres »Lehrgangs in guineischer Realität« mit einer Gruppe von Bauern zusammentrafen. Wir waren natürlich daran interessiert, so viel wie möglich zu erfahren, vor allem, wie sie sich selbst in ihrem Verhältnis zu der Partei und der Regierung im Rahmen des Kampfes für den nationalen Wiederaufbau sahen; was dieser Kampf für sie bedeutete, als Fortsetzung des Kampfes um die Befreiung, den sie unterstützt hatten, so weit es ihnen unter der kolonialen Repression möglich gewesen war.
Die Versammlung fand nicht in einem eigens dafür hergerichteten Raum statt, sondern im Schatten eines riesigen hundertjährigen Baumes. Für die Bevölkerung war der beste Beweis ihrer Gastfreundschaft, die Delegation in jenem wohltuenden Schatten zu empfangen und im innigen Verhältnis zu ihrer natürlichen Welt über ihre Probleme zu sprechen.
Ich gewann den Eindruck, daß die schattige Fläche unter jenem Baum eine Art politisch-kulturelles Zentrum der Bevölkerung ist, eine Art Treffpunkt, wo man informell miteinander spricht, wo aber auch Pläne für die gemeinsame Arbeit diskutiert werden. Ich überlegte also, wie man jenen Schatten in informelle Erziehungsprogramme einbeziehen könnte.
Als ich auf den Baum zuging und zu seiner Krone hinaufblickte, fiel mir ein, daß im Schatten eines ebensolchen Baumes Amilcar Cabral im Busch während der Kampfjahre viele jener Seminare abgehalten hatte, in denen er zusammen mit seinen »bewaffneten Kämpfern« ihre Aktionen gegen die Streitkräfte der Kolonialisten auswertete. In keinem dieser Seminare fehlte neben der taktisch-militärischen Analyse die politische Diskussion, die Auseinandersetzung über die Kultur und damit die permanente Kaderausbildung.
Und mir fiel ein, was ein Kämpfer mir gesagt hatte, nicht direkt zu

diesen Seminaren, sondern über eines jener vielen Gespräche, die Amilcar Cabral mit Bauern geführt hatte, als er eine Erhebung über die Agrarsituation in Guinea leitete und dabei durch das Land reiste.
Cabral nutzte die Gelegenheit, die die Erhebung ihm bot, sprach vorsichtig von der repressiven Situation, in der das Volk sich befand und ermittelte auf diese Weise die zukünftigen Kader der PAIGC, die drei Jahre nach Beginn der Volkszählung am 19. September 1956 gegründet wurde*.
Bei jener Begegnung, ebenfalls im Schatten eines Baumes, von der der Kämpfer sprach, erhob Cabral sich an einem bestimmten Punkt seines Gespräches mit den Bauern, nahm einen Palmsetzling in die Hand, grub ein Loch in die Erde und pflanzte den Setzling hinein. Anschließend wandte er seinen Blick zu den Bauern und sagte: »Es wird sehr viel in unserem Land geschehen, von uns, von dem Volk Guineas gemacht, noch ehe die Palme, die aus diesem Setzling entstehen wird, die ersten Früchte trägt.«
»Jahre später«, sagte mir der Kämpfer, »fand eine Versammlung des PAIGC-Komitees jener Region neben dieser Palme statt, die gerade ihre ersten Früchte trug.«
In jener Rede, die sich nicht auf das Verbale beschränkte, sondern zu der auch das Pflanzen einer Palme gehörte, sprach Amilcar Cabral die Sprache der Hoffnung. Nicht die Sprache einer falschen Hoffnung derer, die nur in der abstrakten und deshalb vergeblichen Hoffnung leben. Die Hoffnung ist nur dann hoffnungsvoll, wenn sie der Einheit von weltveränderndem Handeln und kritischer Reflexion über dieses Handeln entspringt.
Indem er auf gleicher Ebene mit den Bauern in dieser Sprache sprach, begann Cabral, die gerade entstehende PAIGC im Volk zu verankern; gleichzeitig intensivierte er den Lernprozeß der »Re-Afrikanisierung« in Verbindung mit dem »Klassenselbstmord«, den die revolutionären afrikanischen Intellektuellen begehen mußten, wenn sie nicht die »Ideale der Revolution verraten« wollten, wie er es so deutlich in seinen Schriften ausgesprochen hat.
Nachdem die Sitzung, an der wir teilnahmen, eröffnet worden war, sprach der Minister Mário Cabral einige Worte über unseren Aufenthalt in Guinea Bissau, über die Arbeit, die wir zusammen mit den

* Diese Erhebung wurde 1953 von dem portugiesischen Überseeministerium beschlossen, nachdem eine portugiesische Delegation, die 1947 an einer Konferenz der FAO – Organisation für Ernährung und Landwirtschaft – in London teilnahm, zugesagt hatte, daß Portugal in seinen überseeischen Besitzungen eine Agrarerhebung durchführen würde.

Einheimischen in der Erziehung leisteten und schloß mit der Feststellung, daß er als für den Bereich Erziehung im Lande Verantwortlicher gekommen sei, um ihnen zuzuhören und mit ihnen ungezwungen über ihre dringlichsten Bedürfnisse zu sprechen.
Unmittelbar darauf setzten sich die fünf Ältesten der Gruppe in einem kleinen Kreis innerhalb des großen Kreises zusammen und sprachen leise miteinander, während die übrigen schwiegen.
Ein Jugendlicher neben mir sagte: »Sie verabreden jetzt, in welcher Reihenfolge sie sprechen werden und über welche Punkte gesprochen werden soll. Das machen sie immer so.«
Ein Erzieher aus unseren Breitengraden würde in seiner Unfähigkeit, andere Kulturen zu begreifen und vor allem in der Überzeugung, daß seine eigene die einzig richtige Kultur sei, hier bereits die ersten Anzeichen für Ineffizienz entdecken, denn sie hatten sich nicht »ernsthaft auf die Sitzung vorbereitet«, wie er sagen würde.
Schließlich war es soweit, die fünf begannen nacheinander zu sprechen, wobei sie lebhaften Gebrauch von Metaphern machten und ihre Aussagen mit zahlreichen Gesten unterstrichen.
Als einer von ihnen über die Gewalt der Kolonialisten sprach, beugte er sich immer wieder vor und zurück, um damit den Worten Gestalt zu verleihen, mit denen er die erlittene schlechte Behandlung beschrieb. In der schattigen Runde, in der wir saßen, ging er mit wechselnden Körperbewegungen von einem Ende zum anderen, um mal diesen, mal jenen Aspekt der Geschichte, die er erzählte, besser zum Ausdruck zu bringen. Keiner von ihnen sprach ohne begleitende Bewegungen, keiner trennte das Wort vom Körper. Keiner sprach, um nur gehört zu werden. In Afrika muß das Wort auch »gesehen« werden können, es muß in die dazugehörige Geste eingebettet sein. Keiner zeigte Angst oder Scham, seinen Körper als Ausdrucksmittel zu verwenden, wie es im übrigen überall in Afrika der Fall ist, mit Ausnahme der »entafrikanisierten« Intellektuellen, die ihren Ursprung leugnen.
Und während ich sie mit der Kraft ihrer Metaphern und der Leichtigkeit ihrer Körperbewegungen sprechen hörte und sah, dachte ich an die unzähligen Möglichkeiten, die sich mit diesen Quellen afrikanischer Kultur einer befreienden Erziehung eröffnen.
Sie sprachen auch von der Gegenwart, von der Begeisterung, am nationalen Wiederaufbau partizipieren zu können, wiesen aber auch gleichzeitig auf die Schwierigkeiten hin, vor denen sie standen.
Der älteste der »großen Männer«, der in jenem wohltuenden Schatten des riesigen Baumes als letzter das Wort ergriff, sprach ebenfalls zu uns allen in der Sprache der Hoffnung.

»Die PAIGC«, sagte er in etwa, »ist mit ihren zwanzig Jahren noch ein Kind. Zwanzig Jahre sind viel im Leben eines Menschen, aber wenig im Leben eines Volkes und seiner Partei. Das Gute an der PAIGC ist, daß sie gelernt hat, mit dem Volk zu gehen. Ich werde die großen Dinge nicht mehr erleben, die das Volk von Guinea Bissau, die PAIGC und die Regierung machen werden. Aber die Kinder unserer Kinder werden sie erleben. Sie werden eine andere Zeit erleben. Aber dafür ist es notwendig, daß ich, der ich diese Zeit nicht mehr erleben werde, und wir alle jetzt das tun, was jetzt getan werden muß.«
Es war im Februar dieses Jahres, und kurz zuvor hatten wir die Schule von Có in ihren Anfängen besucht. Zurück in Bissau, tief beeindruckt von dem Erlebten, sah ich voraus, was aus jener Schule werden würde, wenn sie die sie umgebende Realität in sich »aufsaugen« und ihre Verbundenheit mit Bauern wie jenen ausbauen würde, deren Worte ich gerade »gesehen« und gehört hatte.
Immer, wenn wir nach Guinea Bissau reisen, wird eine gewisse Zeit für neue Begegnungen und neue Besuche reserviert, durch die wir uns immer mehr mit der Realität des Landes vertraut machen. Ich werde hier nicht von allen diesen Begegnungen und Besuchen sprechen, auch wenn es von jedem dieser Anlässe Interessantes zu berichten gäbe. Wichtig scheint mir jedoch zu sagen, daß die neuen Begegnungen ebenso wie die neuen Besuche für unsere Arbeit mit den guineischen Gruppen von fundamentaler Bedeutung sind. Sie sind Bestandteil unserer Arbeitsmethode, bei der wir ständig bemüht sind, zu sehen, zu hören und zu fragen, um dann den Einheimischen die Ergebnisse unserer Neugier zu unterbreiten.
Wir sind immer auch auf die kleinsten Einzelheiten bedacht, die bei einem dieser Besuche oder dieser Begegnungen unsere Aufmerksamkeit erregen und uns zusammen mit den Einheimischen zu neuen Überlegungen anregen könnten.
Denn wir könnten uns unmöglich in effizienter Form an den Auswertungsseminaren mit der Koordinierungskommission für Alphabetisierung beteiligen, wenn wir erstens unseren Aufenthalt auf Bissau beschränkten und nicht die Arbeit in anderen Teilen des Landes beobachteten und zweitens uns nicht bemühten, aus nächster Nähe zu erfahren, welche Arbeit neben der Erwachsenenalphabetisierung auf anderen Sektoren geleistet wird.

In den folgenden Überlegungen, mit denen ich diese Einleitung abschließe – mit so manchem Aspekt findet eine weitere Auseinandersetzung in den Briefen statt – werde ich versuchen, die im Verlaufe

dieses Jahres in Guinea Bissau entwickelten Aktivitäten auf dem Gebiet der Erwachsenenalphabetisierung zusammenzufassen.
Dabei scheint mir, daß ein Punkt in erster Linie betont werden muß. Ich meine die »Massenlinie«, nach der die Alphabetisierung in diesem Land angelegt ist und gehandhabt wird. Die wesentliche Absicht ist dabei, die Alphabetisierung von Erwachsenen als politischen Akt in Übereinstimmung mit den Prinzipien der PAIGC, die das Handeln der Regierung bestimmen, unter wirklicher Einbeziehung des gesamten Volkes durchzuführen. Anders gesagt, die Programme zur Alphabetisierung von Erwachsenen sollen, wo immer sie auch initiiert werden, entsprechend den von der Partei und der Regierung gesetzten Prioritäten so weit wie irgend möglich von der lokalen Bevölkerung getragen werden. Von daher muß eine Verbindung zwischen den Programmen zur Erwachsenenalphabetisierung und den politischen Komitees der Dörfer und Stadtteile vorhanden sein, damit die Erzieher oder Gruppenleiter – die ja ebenfalls politisch aktiv sind – über die Komitees möglichst engen Zugang zu der Bevölkerung finden. Denn was die »Massenlinie« auszeichnet, was sie als solche definiert, ist ihr revolutionärer und anti-elitärer Charakter, ihr Anti-Paternalismus, und es ist die Rolle des Subjektes, die die Volksmassen durch ihre Mitwirkung an der Gestaltung der Kampagne übernehmen sollen. Es ist die dialektische Dynamik zwischen Taktik und Strategie, in der sie sich immer befindet. Strategisch ist sie darauf aus, die gesamte Gesellschaft zu erfassen; taktisch ist sie jedoch in der Lage, nicht von der Totalität auszugehen, wenn die objektiven und subjektiven Bedingungen dies nicht erlauben, sondern von jenen Gebieten, in denen diese Bedingungen bereits vorhanden sind oder bald vorhanden sein werden. Wenn die notwendigen Voraussetzungen vollständig oder auch nur teilweise gegeben sind, ist die Alphabetisierung rasch geleistet; wenn die Bedingungen bald vorhanden sein werden, trägt die Alphabetisierung zu ihrer Konkretisierung bei. Wenn die Bedingungen überhaupt nicht gegeben sind und auch in ferner Zukunft nicht vorhanden sein werden, ist die Alphabetisierung sinnlos. Deshalb darf die »Massenlinie« nicht mit einer willkürlichen Generalisierung der Alphabetisierung verwechselt werden.
Wenn jede Alphabetisierungskampagne, die als Massenbewegung konzipiert ist, früher oder später auf die gesamte Gesellschaft generalisiert wird, bedeutet nicht jede Generalisierung einer Kampagne, daß sie als Massenbewegung konzipiert ist.
Wenn in Guinea Bissau, entsprechend der Realität des Landes, bestimmten Gebieten und Sektoren für das Anlaufen der Alphabetisie-

rungskampagne Priorität eingeräumt wird, so geschieht dies durchaus in Einklang mit ihrem Massencharakter und nicht als dessen Negation.

Im Gegensatz zu der willkürlichen Generalisierung der Alphabetisierung verlangt die »Massenlinie« von den Beteiligten, daß sie sich ständig im Spannungsfeld zwischen Ungeduld und Geduld erproben. Wer dagegen die willkürliche Generalisierung vertritt, offenbart, daß er diese Spannung negiert. Das Ergebnis ist dann nur noch Ungeduld. Die notwendige Spannung wird zerstört in der Absicht, den Lernprozeß zu beschleunigen, unabhängig davon, ob die richtigen Voraussetzungen vorhanden sind; es wird gelehrt, ohne zu lernen, das Wissen wird nur weitergereicht, denn »es ist keine Zeit zu verlieren«.

Wer die Spannung zwischen Geduld und Ungeduld auf solche Weise zerstört, greift auf die Schemen einer antidialogischen Pädagogik zurück, in deren Praxis, unabhängig von ihrer Intention, das Wissen als etwas Abgeschlossenes, Beendetes behandelt wird. Und er begreift nicht den Unterschied zwischen der Praxis, in der Wissen wie ein »Paket« weitergereicht wird, und dem Gespräch, in dem in dynamischer Form darüber gesprochen wird.

Das Gegenteil wäre der Fall, wenn infolge der Zerstörung dieser Spannung die Ungeduld verschwinden würde, die ja in der Spannung zur Geduld den Prozeß in Bewegung hält und vorantreibt. In diesem Fall würde man leicht in die Passivität abgleiten, die die »Dinge beläßt, so wie sie sind und abwartet, was sich daraus entwickelt« und die nichts gemein hat mit der kämpferisch revolutionären »Massenbewegung«. Denn in einer Massenbewegung ist die Geduld ja nicht Konformismus. Sie besagt nur, daß der beste Weg, morgen das zu tun, was heute unmöglich ist, darin besteht, heute das zu tun, was heute auch möglich ist.

Bei Amilcar Cabral war diese Spannung immer intakt. In seiner revolutionären Praxis und seinem Denken, das er in seinen Schriften niedergelegt hat, ist diese Spannung immer präsent. »Wir müssen schnell vorangehen«, sagt er, »aber nicht laufen; ohne Opportunismus und ohne Enthusiasmus, denn sie würden uns nur die konkrete Realität aus den Augen verlieren lassen. Es ist besser, den bewaffneten Kampf mit scheinbarer Verzögerung zu beginnen, aber dabei die Garantie für seine Kontinuität zu haben, als ihn zu früh oder zu einem beliebigen Zeitpunkt zu beginnen, ohne sämtliche Bedingungen geschaffen zu haben, die seine Kontiniuität und den Sieg für unser Volk garantieren.« Und etwas später: »Unsere Kräfte genau kennen, jederzeit ganz genau wissen, was wir tun können. Unsere Möglichkeiten auf jedem Gebiet, in jeder Truppeneinheit richtig einschätzen, immer entsprechend dieser Möglichkeiten handeln und alles tun, um unsere Kräfte und unsere Fähigkeiten zu verbessern, dies gilt sowohl für die Menschen als auch für das Material. Niemals weniger tun als das, was wir tun können, aber auf keinen Fall Dinge zu tun versuchen, die zu tun wir wirklich noch nicht in der Lage sind.«*

Dies sind die Prinzipien, die nicht nur gestern für den Befreiungskampf galten, sondern auch heute für den Kampf um den nationalen Wiederaufbau Gültigkeit besitzen, und nach denen die Regierung von Guinea Bissau durch ihr Erziehungsministerium auf dem Gebiet der Erwachsenenalphabetisierung arbeitet. Deshalb beginnt sie mit ihrer nationalen Kampagne in jenen Gebieten und Sektoren, die eine vollwertige Arbeit begünstigen und den daran beteiligten Kadern die Möglichkeit bieten, wertvolle und notwendige Erfahrungen zu sammeln, um sich auf die Ausdehnung und Intensivierung der Aktion vorzubereiten.

Dieser Aspekt – Kader für die Realisierung einer Pädagogik auszubilden, wie ich sie in diesem Text und in früheren Arbeiten nachdrücklich vertreten habe, einer Pädagogik, die mit den Grundprinzipien der PAIGC übereinstimmt – muß ein wesentliches Element innerhalb einer solchen Alphabetisierungskampagne sein, wie sie von der Regierung von Guinea Bissau durchgeführt wird. Dabei muß diese Ausbildung immer auf der Einheit von Theorie und Praxis basieren und darf sich nicht darauf beschränken, die militanten Erzieher in technischen Kunstgriffen zu »trainieren«, wie es immer häufiger in immer kürzerer Zeit mit der Arbeiterklasse der hochkapitalistischen Gesellschaften geschieht**.

Die Durchführung dieses Programms wurde direkt der Kommission zur Koordinierung der Erwachsenenalphabetisierung*** übertragen, die

* Amilcar Cabral, PAIGC – Unidade e Luta, Publicações Nova Aurora, Lisboa 1974, p. 12–31.

** Siehe hierzu: Harry Braverman, Labor and Monopoly Capital, The degradation of work in the twentieth century, Monthly Review Press, New York and London, 1974.

*** Diese Kommission, die immer mehr zu einer interministeriellen Institution wird, legt ihre Berichte, die ausführlich diskutiert werden, über den Erziehungsminister einer anderen Kommission vor, die im Februar dieses Jahres ins Leben gerufen wurde: der Comissão Nacional de Alfabetização (Nationale Kommission für Alphabetisierung). Hier arbeiten die Ministerien mit, die am direktesten an dem Alphabetisierungsprogramm beteiligt sind, den Vorsitz führt der Staatspräsident Luiz Cabral persönlich. Die Aufgabe der Nationalen Kommission liegt darin, die allgemeinen Richtlinien für die Aktionen zu entwerfen, die von der Koordinierungskommission in Einklang mit der Politik der Partei ausgeführt werden sollen. Bei unseren Arbeitsbesuchen in Guinea hatten wir Gelegenheit, an zwei Sitzungen dieser Kommission teilzunehmen, wobei wir tief beeindruckt waren von dem Diskussionsniveau und dem Ernst, mit dem die Probleme behandelt werden.

ihrerseits eng mit dem Erziehungsminister zusammenarbeitet; diese Kommission hat mit der Realisierung einer Reihe von Aktivitäten in den Gebieten und Sektoren, die Vorrang genießen, begonnen. Sie sind nicht immer einfach durchzuführen, und auch ihre Ergebnisse entsprechen nicht immer dem, was man sich von ihnen erhoffte. Die Fehler jedenfalls, die hier und dort in einer Aktion unterlaufen, die nicht gut vorbereitet war oder der eine fundierte Kenntnis der Realität als Grundlage fehlte, werden in der Kommission analysiert, auch wenn es dabei nicht immer ohne Schwierigkeiten abgeht – wir dürfen hier nicht idealisieren. In der schwierigen Aufgabe, auf richtige Weise Selbstkritik zu üben, lernen die Mitglieder dieser Kommission allmählich, wie diese Fehler zu überwinden sind. Wichtig ist, daß wir mit Amilcar Cabral die Auffassung teilen, daß die »Fehler, die wir begehen, uns nicht entmutigen dürfen, so wie die Siege, die wir erringen, uns nicht unsere Fehler vergessen lassen dürfen«*.

Im Verlaufe des Jahres 1976 hat die Kommission sich bemüht, ihren Dialog mit den Ministerien für Gesundheit, Landwirtschaft, Inneres und Information sowie in den Gebieten, wo sie praktisch gearbeitet hat, mit den politischen Komitees der Partei, außerdem mit den Massenorganisationen wie der JAAC und der União Nacional de Trabalhadores (Gewerkschaft) und schließlich mit Ausbildungszentren wie dem von Có zu intensivieren, wobei ihre Hauptaufgabe die Ausbildung von Kadern war. Zu diesem Zweck hat sie dort, wo eine Kontinuität gewährleistet zu sein schien, versuchsweise Kulturzirkel gegründet. Mit diesen Zirkeln, die von »Brigaden« nicht nur in Bissau, sondern auch in anderen Teilen des Landes ins Leben gerufen wurden, hat die Kommission eine umfassende Arbeit geleistet, denn sie hat der Bevölkerung klar gemacht, welche Bedeutung die Alphabetisierung besitzt – die Kommission stellt sie im allgemeinen als »integralen« Bestandteil des nationalen Wiederaufbaus dar – und damit hat sie die öffentliche Meinung mobilisiert, sich kritisch mit dem Problem zu befassen. Des weiteren hat sie in fast allen Gebieten, denen Vorrang eingeräumt wird, Keimzellen des Programms verankert und sich vor allem dadurch, daß eventuelle Fehler erkannt wurden, darauf vorbereitet, eine der drei von der Regierung, d. h. hier von dem Erziehungsministerium für das Zweite Organisationsjahr vorgesehenen Hauptaufgaben gut zu bewältigen – jene Aufgabe, die die nationale Alphabetisierungskampagne betrifft.

In einem Bericht aus dem Monat Mai sagt die Kommission: »Ganz besonders zu erwähnen ist auch die Unterstützung, die wir von seiten der

* Amilcar Cabral, a.a.O., p. 14.

Partei- und Regierungsführung erhalten haben; dies läßt erkennen, welches Gewicht der Alphabetisierung beigemessen wird.« Diese Unterstützung zeigte sich unter anderem in den Kontakten, die der Reise einer der Brigaden in eine Region des Landes vorausgegangen waren. »Kontakte«, so der Bericht, »mit dem Präsidenten Luiz Cabral, mit den verschiedenen Ministerien, die in der Nationalen Kommission vertreten sind, mit anderen Ministerien, mit Massenorganisationen und mit staatlichen Organen.«

Bei unserem jüngsten Aufenthalt in Guinea im September dieses Jahres, nach unserem Besuch in der Schule von Có – der sich erwartungsgemäß auf vier Dörfer im Umkreis der Schule ausdehnte, um die großartige Arbeit in der Erwachsenenalphabetisierung zu sehen, die dort geleistet wird – verwandten wir acht Tage auf ein Seminar, in dem die von der Kommission durchgeführten Aktivitäten ausgewertet wurden.

Es sei hier nochmals betont – denn ich habe dies bereits an anderer Stelle angesprochen –, daß sich die Auswertung nicht so abspielt, daß wir die Koordinierungsgruppe und ihre Arbeit als Gegenstand unserer Analyse betrachten, über die wir dann mit gelehrten Mienen sprechen. Im Gegenteil, die Kommission und wir machen die Arbeit, so wie sie geleistet wird, zum Gegenstand der Auswertung und versuchen, die Ursachen für die Fehler festzustellen und verschiedene Möglichkeiten zur Überwindung der Fehler zu untersuchen.

Es war kein Zufall, daß im zivilen Bereich – die innerhalb der FARP entwickelte Arbeit weist nun einmal aus all den bereits genannten Gründen einen immer höheren Effizienzindex auf – die positiven Ansätze in den Aktionen festzustellen waren, die in den Dörfern im Umkreis der Schule von Có verwirklicht wurden. In den Kulturzirkeln, die wir in von der Bevölkerung selbst errichteten Strohhütten arbeiten sahen, war der politisch-pädagogische Einfluß der Schule von Có in ihrer engen Verbindung zum Parteikomitee deutlich zu spüren.

So kamen wir zum Beispiel in diesem Auswertungsseminar angesichts der Bedeutung, die diese Schule besitzt, gemeinsam zu dem Schluß, daß die Kommission in den Gebieten, in denen sie ihre Arbeit aufnimmt, versuchen soll, über die normale Verbindung zum örtlichen Parteikomitee hinaus sich einem Sanitätsposten, einem Internat oder einer Produktionskooperative anzuschließen, die aufgrund ihrer Kommunikation mit der örtlichen Bevölkerung zu Hilfsstützpunkten für die Programme zur Erwachsenenalphabetisierung werden könnten.

Einer Sache sind wir uns sicher: die Erwachsenenalphabetisierung in Guinea Bissau, die in geduldiger Ungeduld und deshalb sicher voranschreitet, ist mehr Realität als Versprechen.

Wenn ich nun diese allzu unvollständige Einleitung abschließe, möchte ich doch noch zwei Dinge sagen. Als erstes danke ich an dieser Stelle nicht nur in meinem, sondern auch im Namen der Arbeitsgruppe des IDAC und der Abteilung Erziehung des Weltkirchenrates dem Volk, der PAIGC und der Regierung von Guinea Bissau, daß sie uns die Möglichkeit gegeben haben, so viel zu lernen und zu lehren und uns auf diese Weise nach unseren Kräften am Wiederaufbau des Landes beteiligen zu können.

Und als zweites möchte ich persönlich in Elzas und meinem Namen sagen, daß unsere Arbeit in Guinea Bissau in uns keine Nostalgie, aber eine sanfte Sehnsucht nach Brasilien und nach den nun schon so weit zurückliegenden Jahren geweckt hat, in denen wir in ebenso lebendigen Kulturzirkeln wie denen von Có und der FARP so viel mit unserem Volk zusammen gelernt haben.

Paulo Freire
Genf, Winter 1976

Briefe

»Der Befreiungskampf, der komplexeste Ausdruck der kulturellen Kraft, der Identität und Würde eines Volkes, bereichert die Kultur und eröffnet ihr neue Perspektiven der Entwicklung. Die kulturellen Manifestationen gewinnen neue Inhalte und neue Ausdrucksformen. Sie werden so zu einem kraftvollen Instrument der Information und politischen Bildung, nicht nur im Kampf um die Unabhängigkeit, sondern auch in der noch größeren Schlacht um den Fortschritt.«

Amilcar Cabral

»... die Dynamik des Kampfes erfordert eine demokratische Grundlage. Kritik und Selbstkritik, zunehmende Mitbestimmung der Bevölkerung in Fragen ihrer Lebensführung, Alphabetisierung, Errichtung von Schulen und Gesundheitsdienst, Herausbildung von geschulten Fachkräften aus der Bauern- und Arbeiterschaft und vieles andere gehören unabdingbar zum sozialen und kulturellen Entwicklungsprozeß. Dies beweist, daß der Befreiungskampf nicht nur ein kultureller Tatbestand, sondern auch eine kulturelle Triebkraft ist.«

Amilcar Cabral

Ingenieur Mário Cabral
Ministerium für Erziehung und Kultur
Bissau – Republik Guinea Bissau

Genf, 26. 1. 75

Lieber Genosse,

vor einigen Tagen erhielt ich einen Brief von einem Bekannten, der mit Guinea Bissau zu tun hat. Er schrieb mir, daß er vor kurzem in Bissau mit Ihnen und dem Staatspräsidenten ein Gespräch geführt hat, in dem die Möglichkeit diskutiert wurde, daß eine Gruppe, zu der auch ich gehören sollte, die Regierung von Guinea Bissau in ihren Bemühungen auf dem Gebiet der Erwachsenenalphabetisierung unterstützt. Anschließend schlug der Betreffende vor, daß ich mich an Sie wenden sollte, um damit das Gespräch über die Möglichkeiten einer solchen Zusammenarbeit zu eröffnen.
Da ich selbst aus der Dritten Welt stamme und als Erzieher mich dieser Welt verpflichtet fühle, ist es sowohl für mich als auch für meine Freunde, mit denen ich zusammenarbeite, selbstverständlich, daß wir das Wenige anbieten, das wir für das Volk von Guinea Bissau tun können.
Da es mir im Augenblick jedoch unmöglich ist, nach Bissau zu reisen, um dort persönlich über die Grundlagen unserer Mitarbeit zu sprechen, frage ich Sie, ob es Ihnen möglich wäre, für zwei oder drei Tage nach Genf zu kommen, oder ob wenigstens einer Ihrer Mitarbeiter dies tun könnte.
Bei einem solchen Treffen, für das ich ab 19. April zur Verfügung stünde, würden wir nicht nur über die Mittel und Wege zur Verwirklichung unserer Mitarbeit sprechen, sondern auch einige generelle Aspekte der Erwachsenenalphabetisierung in Guinea Bissau erörtern.
Wird Erwachsenenalphabetisierung als befreiender und schöpferischer Akt begriffen, dann kann sie niemals nur ein mechanischer Vorgang sein, in dem der sogenannte Lehrer sein Wort in den Schüler deponiert, als wäre dessen bewußter Körper ein leerer Behälter, den er durch dieses Wort zu füllen hätte. Sie ist keine mechanische Arbeit und auch kein Auswendiglernen, bei dem die Schüler unzählige Male mit geschlossenen Augen im Chor die monotone Litanei la, le, li, lo, lu; ba, be, bi, bo, bu; ta, te, ti, to, tu wiederholen müssen, die vor allem eine falsche Konzeption des Lernvorgangs impliziert. »Du mußt üben,

üben und nochmals üben, dann lernst du es.« Auf solchen Prinzipien basiert diese falsche Konzeption.
In der befreienden Perspektive, die Guinea Bissau vertritt und die auch wir vertreten, ist die Erwachsenenalphabetisierung dagegen die Fortsetzung des großartigen Kampfes, den das Volk von Guinea vor langer Zeit in brüderlicher Gemeinschaft mit seinen Führern um die Eroberung SEINES WORTES begonnen hat. Deshalb muß die befreiende Alphabetisierung vom Volk selbst getragen sein, von seiner produktiven Arbeit und seiner Kultur, und nicht in der seelenlosen Kälte bürokratisierter Schulen erstarren, in denen Fibeln, die von Intellektuellen erarbeitet wurden, die nichts mit dem Volk gemein haben – auch wenn ihre gute Absicht gelegentlich durchscheinen mag –, jenes mechanische Auswendiglernen, von dem ich oben sprach, nur noch verstärken.
Die Erwachsenenalphabetisierung, so wie wir sie verstehen, wird zu einem Teil des befreienden kulturellen Handelns, und deshalb kann sie nicht einmal in Gedanken isoliert gesehen werden, sondern muß immer in Beziehung zu anderen Aspekten des kulturellen Handelns als Ganzem bedacht werden. Über Alphabetisierung sprechen heißt auch, über die Wirtschafts-, Sozial- und Kulturpolitik des Landes zu sprechen. Das Erkennen dieser Interrelation zwischen den Teilbereichen, die zusammen das Ganze bilden, war übrigens einer der Punkte, die mich bei Amilcar Cabral immer tief beeindruckt haben, so wie auch sein kritisches Verständnis von der Rolle der Kultur im Befreiungskampf, den er als »kulturellen Tatbestand und kulturelle Triebkraft« begriff.
Obwohl ich weiß, daß es für Sie sehr schwierig sein wird, Ihr Land für zwei oder drei Tage zu verlassen, erlaube ich mir, auf Ihr Kommen zu drängen, da es von fundamentaler Bedeutung für die Verwirklichung einer Sache wäre, die wir voll Begeisterung als eine Herausforderung betrachten.

In brüderlicher Freundschaft,
Paulo Freire

Ingenieur Mário Cabral
Ministerium für Erziehung und Kultur
Bissau

Genf, April 1975

Lieber Genosse Mário Cabral,

soeben erhalte ich Ihren Brief, in dem Sie das Interesse der Regierung an unserer Mitarbeit bestätigen.
Ich brauche Ihnen wohl kaum zu sagen, mit welcher Freude das Team des Institut d'Action Culturelle, dem ich angehöre, sowie die Abteilung Erziehung des Weltkirchenrates, wo ich arbeite, diese Bestätigung aufgenommen haben.
Bereits in meinem ersten Brief hatte ich unser aller Wunsch zum Ausdruck gebracht, mit Ihnen zusammenzuarbeiten, unseren Beitrag, und sei er noch so klein, bei der notwendigen Suche nach einer neuen Erziehungspraxis und -konzeption zu leisten, die den Zielen entspricht, die Guinea Bissau in seinem Wiedererstehungsprozeß gerecht werden.
Wenn wir jetzt nach Erhalt Ihres Briefes unsere Arbeit im Team im Hinblick auf diese Zusammenarbeit in etwas systematischerer Form wieder aufnehmen, so sind wir von einer Sache auf jeden Fall überzeugt, und zwar nicht nur aufgrund unserer früheren Erfahrungen, sondern vor allem aus unserer politischen Haltung, der treu zu sein wir uns bemühen: daß wir in Guinea nichts lehren können, wenn wir nicht in der Lage sind, *von* und *mit* Ihnen zu lernen. Deshalb werden wir neugierig und bescheiden nach Guinea Bissau kommen, als militante Genossen und nicht als eine Delegation ausländischer Experten, die sich im Besitz der Wahrheit glaubt und einen, wenn auch nicht schriftlichen, so doch in seinen Grundzügen ausgearbeiteten Besuchsbericht mitbringt, der Rezepte und Vorschriften enthält für das, was getan und wie es getan werden soll. Solche Rezepte und Vorschriften wären Ausdruck des Wissens, das sich die Mitglieder einer solchen Delegation in ihren früheren Erfahrungen angeeignet hätten.
Was wir dagegen aus früheren und zur Zeit laufenden Projekten gelernt haben, ist die Tatsache, daß sich Projekte dieser Art nicht einfach übertragen lassen.
Sie können und müssen von jenen ausführlich diskutiert und kritisch begriffen werden, die sie in einem anderen Kontext realisieren, denn

für den betreffenden Kontext haben sie nur dann einen Sinn, wenn sie neu erarbeitet werden.
Die Praxis des Kontextes A wird nur dann zu einem Beispiel für den Kontext B, wenn die daran Beteiligten diese Praxis vom Nullpunkt an aufbauen und damit der Versuchung einer mechanischen und verfremdenden Übertragung widerstehen. Projekte von der Hand zu weisen, die in einem anderen Kontext durchgeführt wurden, ist ebenso falsch, wie sie naiv zu übernehmen, sie schlicht und einfach zu importieren. Amilcar Cabral hat niemals die Bedeutung positiver Versuche aus anderen Kontexten geleugnet, aber er ist auch niemals bereit gewesen, sie zu imitieren.
Wenn wir uns also im persönlichen Gespräch oder im Briefwechsel auf Aspekte des einen oder anderen Projektes beziehen, an dem wir mitgearbeitet haben oder über das wir präzise Informationen besitzen, dann wird dies immer mit der Absicht geschehen, das Thema zu problematisieren und die Diskussion herauszufordern.
Weil wir so handeln und denken, ist in den Überlegungen, die wir hier im Team anstellen, für den Entwurf eines Projektes zur Erwachsenenalphabetisierung in Guinea Bissau kein Platz. Ein solches Projekt muß in Guinea von Ihnen erarbeitet werden; wir können uns nur in dem Maße beteiligen, wie wir allmählich die Realität des Landes besser kennenlernen.
Dagegen sprechen wir sehr wohl über die Erwachsenenalphabetisierung in ihrer Komplexität, darüber, daß es unmöglich ist, sie für sich allein zu nehmen, als könnte sie außerhalb und überhalb der gegebenen gesellschaftlichen Praxis realisiert werden; und wir sprechen auch über die Notwendigkeit, sie in das zukünftige gesamtgesellschaftliche System einzubeziehen, zu dessen wesentlichen Faktoren die produktive Arbeit gehört.
Wir diskutieren auch den politischen Charakter der Alphabetisierung, wie jeder Erziehung übrigens, der von den Erziehern verlangt, daß sie sich immer größere Klarheit über ihr politisches Selbstverständnis verschaffen und daß ihre praktische Arbeit mit diesem Selbstverständnis in Einklang steht.
Wir sprechen über die Projekte, die das guinesische Volk in den ehemals befreiten Gebieten des Landes unter der Führung der PAIGC in den Bereichen Erziehung, Produktion, Distribution und Gesundheit realisiert hat. Wir denken an das von der Kolonialmacht hinterlassene Erziehungswesen, das in totalem Widerspruch zu den Zielen der Gesellschaft steht, die man schaffen will, und das deshalb nicht nur einfach reformiert, sondern radikal verändert werden muß. Deshalb wird das

neue Erziehungssystem keine geglückte Synthese aus dem Erbe des Befreiungskrieges und dem »Vermächtnis« der Kolonialmacht sein können, sondern die verbesserte und erweiterte Fortführung des Erbes aus dem Kriege. Dies heißt, daß es das Ergebnis einer radikalen Veränderung des kolonialen Erziehungssystems sein wird.

Wir denken auch an die Schwierigkeiten, die eine solche radikale Veränderung bereitet, weil sie eben nicht das Resultat eines rein mechanischen Vorgehens sein kann.

Wir denken auch daran, wie negativ es für Guinea Bissau wäre, in Anbetracht der politischen, gesellschaftlichen und kulturellen Ziele, an denen sich die Arbeit der PAIGC immer orientiert hat, das Modell der sogenannten Hochschule zu importieren, das Modell einer elitären Schule, die reine Intellektuelle und reine Techniker »ausbildet«.

Als Genossen, die immer offen zu Genossen sprechen, sind wir also bereit, in aller Bescheidenheit unsere Zusammenarbeit mit der Regierung von Guinea Bissau, vor allem mit dem Ministerium für Erziehung und Kultur, aufzunehmen.

Über die konkreten Grundlagen unserer Zusammenarbeit werden wir anläßlich unseres ersten Besuches bei Ihnen sprechen. Aus dem Dialog zwischen Ihnen und uns über die Realität, mit der wir dann unseren ersten Kontakt gehabt haben werden, wird das Minimalprogramm entstehen, auf dem unsere Mitarbeit basieren wird.

Möglicherweise werde ich Ihnen jedoch noch vor unserem ersten Besuch schreiben und über unsere Arbeit in Genf Bericht erstatten.

Mit brüderlichem Gruß,
Paulo Freire

Ingenieur Mário Cabral
Ministerium für Erziehung und Kultur
Bissau

Genf, den 28. 7. 1975

Lieber Genosse,

seit Februar dieses Jahres, als ich Ihnen zum erstenmal schrieb und von der Möglichkeit sprach, daß das IDAC – Institut d'Action Culturelle – und die Abteilung Erziehung des Weltkirchenrates sich an dem Projekt zur Erwachsenenalphabetisierung beteiligen könnten, haben wir einen Teil unserer Arbeit diesem Problem gewidmet.
Da wir uns – wie ich im vorigen Brief betonte – nicht als ausländische Experten sehen, sondern uns der Sache Guinea Bissaus verpflichtet fühlen, schien es uns nicht nur wichtig, sondern notwendig, Sie zumindest über einige unserer Gedanken ins Bild zu setzen. Deshalb sende ich Ihnen nun diesen Bericht in Form eines Briefes, der, so hoffe ich, uns allen bei unseren Gesprächen im September von Hilfe sein wird.
Wir haben uns auf unseren Sitzungen in Genf mit drei Bereichen beschäftigt, die ihrerseits miteinander zusammenhängen:

a) Eine erste Annäherung an die Realität von Guinea Bissau mit Hilfe des gesamten uns zugänglichen Materials unter besonderer Berücksichtigung der großartigen Schriften von Amilcar Cabral;
b) Eine kritische Distanzierung von den verschiedenen Projekten zur Erwachsenenalphabetisierung, an denen wir direkt oder indirekt in Brasilien und anderen lateinamerikanischen Ländern mitgearbeitet haben, um über ihre positiven und negativen Seiten nachzudenken. Dies scheint uns insofern sinnvoll, als wir aus diesen Erfahrungen für die in Guinea Bissau zu leistende Arbeit lernen könnten, wobei wir uns sehr wohl bewußt sind, wie ich in meinem letzten Brief ausdrücklich betonte, daß derartige Projekte nicht übertragbar sind, sondern neu entwickelt werden müssen;
c) Die Rolle, die die Erwachsenenalphabetisierung als kulturelles Handeln beim Aufbau des neuen Guinea Bissau spielen muß.

Ich möchte nochmals festhalten, daß es nicht das Ziel dieses Berichtes ist, sämtliche Punkte anzuführen, über die wir innerhalb der drei genannten Bereiche nachgedacht und diskutiert haben. Dieser Bericht ist eher ein Gespräch unter Genossen, weshalb er auch nicht so didaktisch

oder systematisch sein wird, wie die erste Seite es vermuten lassen könnte.
Ich möchte auch noch erwähnen, daß unsere Arbeitstreffen in einer Atmosphäre der kritischen Neugier und Suche stattfinden. So lesen wir etwa einen Text von Amilcar Cabral und versuchen, sämtliche darin enthaltenen Aussagen zu erfassen, oder wir rufen uns die verschiedenen Lernschritte der Erwachsenenalphabetisierung anhand von Projekten in Erinnerung, an denen wir einmal mitgearbeitet haben.
Im Grunde sind diese Treffen an einem Ort, der so weit von Guinea Bissau entfernt ist, eine Art Einführung in das, was wir in Guinea lernen werden, denn ohne eine Mindestvorarbeit wäre unsere Mitarbeit nicht möglich. Mit unserer Reise nach Guinea Bissau wird unser Lernprozeß sich in konkreter Form fortsetzen.
Je mehr wir uns erneut mit den theoretischen Schriften von Amilcar Cabral – dem Ausdruck seiner Praxis in der Praxis seines Volkes – beschäftigen, um so mehr sind wir überzeugt, daß wir immer wieder auf dieses Werk zurückgreifen werden. Seine Analyse der Rolle der Kultur im Befreiungskampf beschränkt sich nicht nur auf den historischen Augenblick des Krieges. Denn dieser Kampf, der, wie er sagte, gleichzeitig ein »kultureller Tatbestand und eine kulturelle Triebkraft« war, wird noch heute fortgeführt, wenn auch in anderer Form. Gestern war das Ziel des Befreiungskampfes, die Kolonialmacht durch die »Befreiung der Produktivkräfte« zu besiegen und damit »neue Perspektiven für die kulturelle Entwicklung« des Landes zu schaffen. Heute bedeutet die Befreiung als permanenter Prozeß nicht nur die Konsolidierung des Sieges, sondern auch die Verwirklichung eines Gesellschaftsmodells, das in gewissem Sinne bereits zur Zeit des Kampfes vorgezeichnet wurde.
Dieses eminent politische Modell muß zwangsläufig ein kulturelles Gesamtsystem einschließen, in das sich die Erziehung – und darin enthalten die Erwachsenenalphabetisierung – einfügt. Dabei muß dieses Kultursystem einerseits den volkstümlichen Mustern entsprechen, ohne sie jedoch zu idealisieren, aber auch die Anstrengungen des Landes in der Produktion berücksichtigen.
Von daher glauben wir, daß ein kulturelles Handeln selbst auf der Ebene der Erwachsenenalphabetisierung viel zu leisten hat. Im Hinblick auf den Kampf um die Produktion muß dieses kulturelle Handeln der Produktionssteigerung verpflichtet sein und dabei einerseits über die rein mechanische Alphabetisierung, andererseits aber auch über die rein technische Ausbildung der Bauern und städtischen Arbeiter hinausgehen. Es muß einen fundamentalen Beitrag zur Aufklärung

des politischen Bewußtseins des Volkes leisten. Während in einer kapitalistischen Gesellschaft die technische Schulung der sogenannten Facharbeiter zwangsläufig das politische Bewußtsein der Arbeiter erstickt, wird in Guinea Bissau die wirtschaftliche Produktivität um so größer sein, je klarer das politische Bewußtsein der Bevölkerungsmassen sein wird.

Deshalb ist das Erziehungsministerium in jeder Gesellschaft immer ein eminent politisches Ministerium, gleich, ob es in einer Klassengesellschaft den Interessen der herrschenden Klasse oder in einer revolutionären Gesellschaft den Interessen des Volkes dient.

Wenn wir die Alphabetisierung aus dieser Perspektive sehen, begreifen wir, daß sie niemals isoliert betrachtet und auch nie auf ein Bündel von Techniken und Methoden reduziert werden kann. Dies heißt nicht, daß Techniken und Methoden nicht wichtig wären. Es bedeutet, daß sie im Dienste der Ziele des Kultursystems stehen, das seinerseits die politischen und ökonomischen Ziele des zu schaffenden Gesellschaftsmodells einbezieht und ebenso in diese einbezogen ist. Deshalb legen wir in unseren Ausbildungsseminaren niemals so großen Wert auf Methoden und Techniken – ohne sie jedoch geringzuschätzen – wohl aber auf die politische Klarheit der Erzieher. Und dies mit um so größerer Notwendigkeit, wenn es gilt, junge Kleinbürger auszubilden, die noch nicht jenen »Klassenselbstmord« begangen haben, von dem Amilcar Cabral spricht und den er selbst in so vorbildlicher Weise vollzogen hat.

Nur wenn sie die Einheit von Theorie und Praxis fördern und sich in besonderem Maße mit der Analyse des ideologischen Bedingtseins der Klasse und der Notwendigkeit dieses »Selbstmordes« beschäftigen, werden die Ausbildungsseminare zu echten Ausbildungskontexten. Indem sie die Einheit von Theorie und Praxis ermöglichen, bereiten sie den »Selbstmord« vor, der erst in der Gemeinschaft mit den unterdrückten Klassen, im Kampf um die Befreiung wirklich vollzogen wird. Und im heutigen Guinea Bissau, im Kampf ohne Krieg, den das gesamte Volk um die Schaffung der neuen Gesellschaft kämpft.

Deshalb würden wir es für außerordentlich wichtig halten, in einem Ausbildungsseminar für die Alphabetisierungslehrer, ehe irgendwelche technischen Schwierigkeiten behandelt werden, mit den Teilnehmern über bestimmte Aussagen von Amilcar Cabral, wie etwa die folgenden, zu sprechen:

> »Andere Redner hatten Gelegenheit, Dr. Eduardo Mondlane zu charakterisieren und seine Verdienste zu loben. Wir wollen nur einfach erneut unsere Bewunderung für die Persönlichkeit dieses afrikanischen Patrioten und großartig gebildeten Menschen, der er war,

zum Ausdruck bringen. Und wir wollen auch sagen, daß das große Verdienst von Eduardo Mondlane nicht seine Entscheidung war, für die Befreiung seines Volkes zu kämpfen. Sein größtes Verdienst war es, daß er es verstanden hat, sich in die Realität seines Landes zu integrieren, sich mit seinem Volk zu identifizieren und sich durch den Kampf, den er voller Mut, Weisheit und Entschiedenheit geleitet hat, zu akkulturieren.«

Oder eine andere Stelle des gleichen Textes, wo er noch einmal davon spricht, daß die Intellektuellen sich mit den Volksmassen identifizieren müssen:

»Eine Rekonversion des Bewußtseins – der Mentalität – ist unabdingbar für ihre (der Intellektuellen) wahrhaftige Integration in die Befreiungsbewegung. Eine solche Rekonversion – in unserem Falle Reafrikanisierung – kann vor dem Kampf eingeleitet werden, doch endgültig vollzogen wird sie erst im Verlaufe des Kampfes, im täglichen Kontakt mit den Volksmassen und in der Gemeinsamkeit der Opfer, die der Kampf fordert.«

Ohne diese »Rekonversion«, von der Amilcar Cabral immer wieder gesprochen hat, war es gestern dem kleinbürgerlichen Intellektuellen nicht möglich, den Befreiungskampf zu verinnerlichen und sich selbst darin neu zu finden.

Ohne diese »Rekonversion« wird es heute der kleinbürgerlichen Stadtjugend nicht möglich sein, sich mit der Bauernschaft an einer wahrhaftigen kulturellen Kraftanstrenung zu beteiligen, deren einer Ausgangspunkt die Erwachsenenalphabetisierung ist.

Ohne diese »Rekonversion« wird der Alphabetisierer den Schülern das *Alphabet* beibringen, »sein Wissen«, sein durch das Leben in der Stadt deformiertes Weltbild vermitteln. Die Alphabetisierung ist dann kein schöpferischer Akt mehr, sie wird bürokratisiert in der mechanischen Wiederholung der Silben ba-be-bi-bo-bu, im Auswendiglernen von Wörtern und Sätzen, die fast niemals etwas mit der Realität des Lernenden zu tun haben.

»La, le, li, lo, lu; ba, be, bi, bo, bu; ta, te, ti, to, tu«, sagt der Lehrer, der mit Wiederholung und langweiligem Auswendiglernen arbeitet. »Jetzt alle zusammen!« fährt er fort. »Alle zusammen, noch einmal. Die Augen schließen! Noch einmal von vorn!«

Von seinem ideologisierten Klassenstandpunkt begreift der Lehrer nicht, selbst wenn er eine revolutionäre Meinung verbalisiert, daß Lernen nicht bedeutet, sich mit Wissen füttern zu lassen, daß der Lehrakt den Lernakt voraussetzt und umgekehrt. Auf diese Weise spielt er sich als Lehrer des Volkes auf, ohne dabei zu akzeptieren, daß er auch ein

Schüler des Volkes ist. Seinem revolutionären Gerede steht eine verfremdende, reaktionäre Praxis gegenüber. Amilcar Cabral wäre dies sicherlich nicht entgangen. Deshalb hat er gesagt, daß im Augenblick der Befreiung »nicht alles zwangsläufig Gold ist, was glänzt: führende Persönlichkeiten, Politiker – selbst die berühmtesten – können kulturell entfremdet sein.«

In allen Projekten, an denen wir innerhalb und außerhalb Brasiliens mitgearbeitet haben, mußten wir uns mit diesem Problem beschäftigen.

Wir konnten zum Beispiel feststellen, daß die Teilnehmer von Ausbildungsseminaren auf intellektueller Ebene voll und ganz unsere Analyse akzeptierten, derzufolge die Erwachsenenalphabetisierung ein schöpferischer Akt ist, in dem die Lernenden aus eben diesem Grunde die Subjekte des Prozesses sein müßten, in dem sie ihre Sprache und die Ausdrucksfähigkeit in ihrer spezifischen Sprechweise erlernen. Sie verstanden und akzeptierten intellektuell, daß es nicht ihre Aufgabe sein konnte, Wissen weiterzureichen, so als wüßten sie alles und die Lernenden nichts. Mühelos begriffen sie bestimmte methodologische Vorgehensweisen, die mit diesen Prinzipien übereinstimmen.

In der Praxis jedoch geschah es, daß viele von ihnen, geprägt durch ihre Klassenzugehörigkeit, durch den »Mythos« ihrer »Überlegenheit« gegenüber den Bauern und Arbeitern, den sie sich in ihrer gleichermaßen klassenbedingten Erziehung angeeignet hatten, die Lernenden zu bloßen Rezipienten für »ihr« Wissen machten. Anstatt die Bauern zu der »Lektüre« ihrer eigenen Realität aufzufordern, hielten sie ihnen Vorträge in einer Sprache, die nicht die Sprache der Bauern war.

Ihre methodologischen Fehler hatten also ideologische Ursachen. Um diese Fehler zu beseitigen, mußte also etwas mehr geschehen, als nur die Methode zu ändern. Es verlangte das permanente Revidieren ihres ideologischen Klassenbedingtseins.

Deshalb ergab sich für uns die Notwendigkeit, in den Ausbildungsseminaren immer stärkeren Nachdruck auf die Analyse der nationalen Realität zu legen, auf die politische Klarheit des Lehrers, das Begreifen des ideologischen Bedingtseins, die Wahrnehmung der kulturellen Unterschiede, ehe wir überhaupt die Techniken und Methoden der Alphabetisierung diskutierten. Und es ergab sich auch die Notwendigkeit, in den Seminaren die Theorie der Alphabetisierung mit der Praxis zu vereinen.

Ein weiteres Problem war die Frage, wie diese Notwendigkeit mit der Forderung zu vereinbaren war, in kurzer Zeit eine große Zahl von Lehrern auszubilden. Wir gelangten schließlich zu der Überzeugung –

auch wenn es so nicht generell gehandhabt werden konnte –, daß das Ideal wäre, mit der Ausbildung von 15 Lehrern zu beginnen. Wenn diese 15 sich mitten in der Ausbildung befänden, würden wir 15 »Kulturzirkel« mit jeweils 20 Schülern einrichten. Daneben mußte eine klare Aussprache mit den 300 Schülern dieser 15 Kulturzirkel über die Bedeutung ihrer Mitarbeit stattfinden. Sie würden nicht zu den Kulturzirkeln kommen, um passiv die »Kunst des Schreibens und Lesens« entgegenzunehmen, etwa als ein Geschenk der Lehrer an sie. Sie würden kommen, um auch den Lehrern zu helfen, wirkliche Lehrer zu werden. Ohne ihre aktive Mitarbeit würde dieser Lernprozeß sich nicht vollziehen können. Auf diese Weise würden die Schüler von Anfang an aufgerufen sein, Subjekte eines Lernprozesses zu sein, in dem auch sie etwas lehren konnten. Gleichzeitig würde der direkte Kontakt der Lehrer mit den Lernenden im Laufe ihrer Ausbildung den Grundstoff für eine kritische Reflexion über ihre unmittelbare Erfahrung abgeben und damit die Einheit von Theorie und Praxis erreicht werden.

Wenn die 15 sich dem – nur scheinbaren – Abschluß ihrer Ausbildung näherten, würden wir mit der Ausbildung von weiteren 15 Lehrern beginnen. Diese hätten den ersten gegenüber den Vorteil, daß sie bereits in der Einheit von Theorie und Praxis beginnen konnten. Vom ersten Tag ihrer Ausbildung könnten sie durch Beobachtung und Reflexion der Praxis der ersten Gruppe lernen. Ein paar Tage später würden weitere 15 Kulturzirkel mit ebenfalls 300 Lernenden eröffnet, mit denen die gleiche bereits beschriebene Diskussion stattfinden würde.

Von allergrößter Wichtigkeit wäre der Erfahrungsaustausch zwischen den Teilnehmern der beiden Gruppen. Aus beiden Gruppen würde das Ausbildungsteam einzelne Teilnehmer auswählen, um mit ihnen als neuen Ausbildern das Programm zu erweitern und zu intensivieren.

Bereits jetzt, wo 30 Lehrer in der Ausbildung tätig wären, würden wir weitere 30 aufnehmen, mit denen nach dem gleichen Rhythmus verfahren würde. Danach würden 60 aufgenommen, dann 100 etc.

Auch wenn wir dieses Vorgehen nicht generalisieren konnten, zeitigte es dort, wo die Einhaltung des Schemas möglich war, positive Ergebnisse.

Als weiterer Punkt spielte bei unseren Überlegungen in Genf das Problem eine Rolle, wie wir, soweit die Realität uns dies erlaubt, Guineer in die Arbeit der Volkserziehung einbeziehen können. In einigen der besten Versuche zur Erwachsenenalphabetisierung, die ich in Chile erlebt und an denen ich mitgearbeitet habe, waren die Lehrer junge Landarbeiter, die bei entsprechender Ausbildung eine große Leistungsfähigkeit entwickelten. Sie arbeiteten auf dem Feld, nahmen somit am Produktionsprozeß teil, der ja für sie nichts Unbekanntes war. Es war eine Gruppe von jungen Menschen, die nicht davon träumten, zu Stadtmenschen zu werden. Ihre Träume waren identisch mit den Träumen ihrer Gemeinde.

Aufgrund der Erfahrungen aus Projekten, an denen ich selbst mitgearbeitet habe und aufgrund der Analyse von Versuchen, an denen ich nicht beteiligt war – wohl wissend, daß solche Projekte nicht übertragbar sind, sondern von Fall zu Fall neu entwickelt werden müssen –, scheue ich mich nicht zu sagen, daß ich es vorziehen würde, einige Zeit der etwas langwierigen Ausbildung von Bauern zu widmen, damit diese zu wahren Lehrern ihrer Genossen werden, falls es nicht möglich sein sollte, Bauern zu finden, die wie im Fall Chile schnell für die Alphabetisierungsarbeit ausgebildet werden könnten, oder Jugendliche aus der Stadt, die in der Lage wären, den »Klassenselbstmord« zu begehen und »sich in ihr Land zu integrieren und mit ihrem Volk zu identifizieren«.

Neben vielen anderen Aspekten, die wir hier diskutiert haben und die ich in meinem heutigen Brief nicht erwähne, beschäftigt uns schließlich noch ein Punkt: das linguistische Problem. Es ist allerdings so komplex, daß wir es lieber persönlich mit Ihnen diskutieren wollen.

Wir erwarten die Ankunft der Genossin Edna Pereira ab 20. August. Ich bitte, ihr genaues Ankunftsdatum zu bestätigen.

Mit herzlichem Gruß,
Paulo Freire

Ing. Mário Cabral
Ministerium für Erziehung und Kultur
Bissau

Genf, August 1975

Lieber Genosse Mário Cabral,

nur schnell ein paar Worte, um Ihnen zu sagen, wie wichtig für uns die Begegnung mit dem Genossen Teobaldo war, der in Vertretung der Genossin Edna kam, die leider durch höhere Gewalt verhindert war.
Wir waren tief beeindruckt von der Sicherheit, mit der er auf unsere Fragen nicht nur zu den bereits entwickelten Aktivitäten in den Bereichen Erziehung, Produktion, Distribution und Gesundheit in den ehemaligen befreiten Gebieten Guinea Bissaus antwortete, sondern mit der er auch darüber sprach, was man heute in der Phase des nationalen Wiederaufbaus zu tun versucht.
Wir sind überzeugt, daß die Gespräche, die wir in diesen vier Tagen geführt haben, uns eine immense Hilfe bei der Vorbereitung auf unseren Besuch in Guinea Bissau im nächsten Monat gewesen sind.
Diese Gespräche wurden letztlich aufgrund der Vielfalt an Informationen, die wir daraus entnehmen konnten, zu einer Art Krönung der systematischen Studien, die wir seit Februar dieses Jahres als Einführung zu unserem ersten direkten Kontakt mit der Realität von Guinea Bissau betrieben haben.
Sie werden in den nächsten Tagen ein Schreiben vom IDAC erhalten, in dem wir einige Vorschläge zur Organisation unseres Arbeitsprogramms für unseren Besuch im September unterbreiten.

Mit brüderlichem Gruß
Paulo Freire

Ingenieur Mário Cabral
Ministerium für Erziehung und Kultur
Bissau

Genf, Oktober 1975

Lieber Genosse Mário Cabral,

gleich nach unserer Rückkehr nach Genf schreibe ich Ihnen, nicht nur um Ihnen und den Genossen, mit denen wir während unseres Besuches zusammengearbeitet haben, für den brüderlich herzlichen Empfang zu danken, sondern auch, um noch einmal unserer Freude Ausdruck zu geben, daß wir im Dialog mit Ihnen die Grundlagen für unseren bescheidenen Beitrag zur Arbeit des Erziehungsministeriums geschaffen haben. Das Zusammensein mit Ihnen und der erste direkte Kontakt mit der Realität des Landes haben in uns das Gefühl der Verpflichtung, mit dem wir nach Guinea Bissau gereist waren, noch weiter verstärkt. Und es muß gesagt werden, daß eigentlich wir zu Dank verpflichtet sind, daß Sie uns die Möglichkeit geben, mit Ihnen als Genossen zusammenzuarbeiten und an der Neuschaffung von Guinea Bissau partizipieren zu können.

Es ist auch nicht übertrieben, wenn ich Ihnen sage, das Elza und ich mit großer innerer Erregung an den Gesprächen in einem der Kulturzirkel der FARP teilnahmen, in dem die Lernenden Wörter und Sätze an die Tafel schrieben und angeregt über die damit verbundene Thematik diskutierten.

Wir wußten, daß wir uns in einem Kulturzirkel der FARP in Bissau befanden, aber für uns war es in gewissem Sinne so, als wären wir um einige Jahre nach Brasilien zurückversetzt, wo wir von und mit den Lernenden lernten und sie nicht einfach nur unterrichteten.

Was wir hörten und sahen, bewegte uns, aber die politische Klarheit, die in den Gesprächen zutage trat, überraschte uns nicht. Es war die gleiche Klarheit, mit der die Arbeitsgruppen im Erziehungsministerium mit uns die allgemeine Problematik der Erziehung diskutiert hatten. Eine Klarheit, die immer größer wird, je mehr sich diese Arbeitsgruppen, ohne sich in »Fachsimpelei« zu verlieren, in der Konfrontation mit den zu lösenden Problemen üben.

Wir alle, Sie und wir, wissen, wieviel noch zu tun ist, um die nationale Erziehung in den Dienst der neuen Gesellschaft zu stellen, die geschaffen werden soll. Wir alle, Sie und wir, wissen auch, daß ein solches

Unterfangen nicht das Resultat eines mechanischen Vorgangs ist, daß es die radikale Veränderung des kolonialen Erziehungssystems impliziert, daß ohne diese Veränderung das Projekt der neuen Gesellschaft scheitern würde.
Auf diese gesamte fundamentale Thematik, die Gegenstand unserer Gespräche in Guinea Bissau war, werden wir immer wieder zurückkehren müssen. Denn wie ich bereits in meinem ersten Brief an Sie betonte, können wir nicht über Erwachsenenalphabetisierung an sich sprechen.
Denn wir würden wenig erreichen, wenn wir eine in sich richtige Erwachsenenalphabetisierung betrieben, dabei aber, wie Sie bei unserer letzten Begegnung in Guinea Bissau hervorhoben, »ein elitäres und rein verbales« Erziehungssystem beibehielten.
So viel auch zu tun ist, wir betrachten es als eine Herausforderung, der wir uns zusammen mit Ihnen in wirklich engagierter Form stellen wollen.
Ich hoffe, Ihnen in Kürze die Ergebnisse der Gespräche zwischen dem IDAC und der Commission on Churches' Participation in Development mitteilen zu können, die sich interessiert gezeigt hat, das Programm zu finanzieren, das wir gemeinsam in Bissau erarbeitet haben.

Mit den herzlichsten Grüßen an alle,
Paulo Freire

Ingenieur Mário Cabral
Ministerium für Erziehung und Kultur
Bissau
Brief Nr. 1

Genf, 26. 11. 1975

Lieber Genosse Mário,

noch ehe wir Antwort auf unseren von der gesamten Arbeitsgruppe unterschriebenen Brief erhalten, in dem wir Ihnen mitteilten, daß die Finanzierung geklärt und damit unsere gemeinsame Arbeit in Guinea Bissau ermöglicht ist, und in dem wir vorschlugen, unseren ersten Besuch im Februar 1976 stattfinden zu lassen, schreibe ich Ihnen von neuem, um Ihnen diesmal zu sagen, womit wir uns in Genf im Hinblick auf unsere gemeinsame Arbeit in Guinea beschäftigen.

Wir setzen unsere Gruppenarbeit fort – zwei Sitzungen pro Woche, abgesehen von der Zeit, die jeder für sich allein aufwendet –, wobei wir uns verstärkt mit der guinesischen Realität auseinandersetzen und gleichzeitig die Vorbereitung von bestimmtem Material erörtern, das Ihnen vielleicht von Nutzen sein könnte, aber von Ihnen selbst getestet werden muß. Daneben stellen wir eine Dokumentation zur Erwachsenenalphabetisierung zusammen, die wir dem Ministerium übergeben werden.

In Europa wächst das Interesse an allem, was in Guinea Bissau und den Kapverden geschieht. Wir haben bei verschiedenen Gelegenheiten in Paris, Stockholm und Genf von den guineischen Projekten gesprochen.

Ich sende Ihnen die Kopie eines der Briefe, die wir an die Arbeitsgruppe in Bissau schicken werden. Natürlich ist es enorm, was Sie bisher schon geleistet haben, doch wäre es großartig, wenn die Arbeitsgruppe die Fertigstellung des Lehrbuchs für »Aktivierer« beschleunigen und sich mit ganzer Kraft der Vorbereitung des Materials widmen könnte, von dem im beigefügten Brief die Rede ist.

Vielleicht ist es zu viel verlangt, wenn ich Sie bitte, sich ein wenig Zeit zu nehmen, um mit der Arbeitsgruppe über den Inhalt des Briefes zu sprechen und nach den besten Wegen zu suchen, das genannte Material so schnell wie möglich zu erstellen.

Mit den besten Grüßen an Sie, an die Genossin Beatriz, an alle Freunde und Genossen, besonders auch an Pansau von uns allen.

Paulo Freire

Arbeitsgruppe
Brief Nr. 1

Genf, den 26. November 1975

Liebe Genossen Monica, Edna und Paulo,

in unserem letzten Brief an den Genossen Mário Cabral, der konkrete Angaben über unsere hiesigen Aktivitäten im Hinblick auf unsere weitere gemeinsame Arbeit enthielt, sagten wir, daß von den verschiedenen Mitgliedern unseres Teams weitere Briefe zu spezifischen Punkten des Aktionsprogramms folgen würden.

Mein heutiger Brief steht in direktem Zusammenhang mit dem Material, das für die Projektoren benötigt wird; sie werden zusammen mit den Tonbandgeräten zur Aufzeichnung der Diskussionen in den Kulturzirkeln direkt nach Bissau geschickt.

Das genannte Material soll in »Kulturzirkeln« verwendet werden; wo diese Kulturzirkel eingerichtet werden, müssen natürlich Sie gemäß den Gegebenheiten der Realität entscheiden. Wir glauben jedoch, daß es sinnvoll wäre, das Projekt nicht nur innerhalb der FARP, sondern auch in einem Stadtviertel von Bissau mit zivilen Teilnehmern durchzuführen. Auf diese Weise könnten wir die Ergebnisse vergleichen, und zwar nicht nur die Fortschritte im Lesen und Schreiben lernen – hier geht es schneller, dort etwas langsamer –, sondern auch den Inhalt der Diskussionen beider Gruppen, etwa unter dem Aspekt, wie kritisch die lokale und nationale Realität wahrgenommen wird.

Die Vorbereitung des Materials für die Projektoren wird Ihnen etwas mehr abverlangen als das, was Sie bereits ganz richtig bei der Zusammenstellung der programmatischen Inhalte für die Alphabetisierung tun. Denn bis jetzt haben Sie sich mit der Auswahl der generativen Wörter beschäftigt und dabei nicht nur deren soziologische und politische Vielfalt, sondern auch ihre phonetische Struktur berücksichtigt. Für die Projektoren müssen nun Kodierungen vorbereitet werden, in die die generativen Wörter eingebaut sind.

Bevor ich mit dem Brief fortfahre, möchte ich in Parenthese betonen, daß die theoretischen Überlegungen, die ich hier anstelle und die das Ergebnis kritischer Reflexion über meine eigene Praxis und die Arbeit von anderen sind, die ich im Laufe der Jahre analysiert habe, auch nicht den geringsten dogmatischen Charakter haben. Sie können nicht nur, sondern Sie müssen schöpferisch neu erarbeiten, was bislang in der Erwachsenenalphabetisierung getan worden ist, und dabei gibt es eine Unzahl von Dingen zu bedenken und neu zu durchdenken.

Um auf das Problem der Kodierungen mit den darin eingebauten generativen Wörtern zurückzukommen, wäre es jetzt vielleicht nützlich, sie hier kritisch zu analysieren und vor allem ihre Rolle in einer befreienden Erziehungspraxis zu diskutieren. Wenn ich von einer befreienden Erziehungspraxis spreche, betone ich dabei, daß eine neutrale Kodierung (und Dekodierung) unmöglich ist, und das bedeutet, daß eine repressive Erziehungspraxis ebenfalls Kodierungen benutzt, die sich allerdings anders zusammensetzen und auch andere Ziele verfolgen, und denen gegenüber die Lernenden auch eine andere Stellung beziehen müssen.

Vielleicht wäre es auch sinnvoll, statt von einer Definition auszugehen – die immer schwierig zu erstellen ist – den Versuch zu machen, die Kodierung zu begreifen, indem wir über unsere erzieherische Tätigkeit reflektieren, die wir aus politischem, d. h. hier revolutionärem Engagement betreiben.

Wenn man davon ausgeht, daß die Erziehung, das kulturelle Handeln, das Animieren zum Lernen – und welchen Namen man auch immer diesem Vorgang geben mag – auf der Ebene der Alphabetisierung und der Nach-Alphabetisierung immer impliziert, daß eine bestimmte Erkenntnistheorie in die Praxis umgesetzt wird, dann ist eine der ersten Fragen, die wir uns stellen müssen, die Frage nach dieser Theorie, nach dem zu erkennenden Objekt (das in der Alphabetisierung oder Nach-Alphabetisierung den programmatischen Inhalt der Erziehung bildet) und nach der Methode des Erkennens.

Die einem revolutionären Ziel dienende und durch Erziehung realisierte Erkenntnistheorie besteht in erster Linie in der Feststellung, daß das Wissen, ein ständiger Prozeß, das Resultat aus dem bewußten Einwirken der Menschen auf die objektive Realität ist, die diese wiederum bedingt. Deshalb entsteht zwischen diesen beiden eine dynamische und widersprüchliche Einheit, die ebenso dynamisch und widersprüchlich ist wie die Realität selbst.

Ausgehend von einer solchen Theorie – und von der Erziehung, die diese in die Praxis umsetzt – ist es nicht möglich:

a) die Theorie von der Praxis zu trennen;
b) den Akt des Erkennens des heute vorhandenen Wissens von dem Akt zu trennen, neues Wissen zu schaffen;
c) Lehren von Lernen, Erziehen von Selbst-Erziehung zu trennen.

Außerdem ist auch die mit dieser Erkenntnistheorie zusammenhängende Methode ebenso dynamisch wie das Erkenntnisobjekt – die objektive Realität.

In der gesellschaftlichen Praxis, in der eine dynamische Beziehung besteht zwischen:

I – dem Kampf um die Produktion,
II – den Klassenkonflikten und
III – der kreativen Arbeit,

ist die Erziehung aus dieser Perspektive der Prozeß, in dem die gesellschaftliche Praxis – deren eine Dimension die Erziehung ist – zum Gegenstand der Erkenntnis gemacht wird, mit dem Ziel, nicht nur zu erkennen, warum diese Praxis so und nicht anders ist, sondern auch durch die sich ständig verfestigende und diversifizierende Erkenntnis die neue Praxis im Sinne des geplanten gesamtgesellschaftlichen Systems zu lenken.

In der Vertiefung und Diversifizierung dieser Erkenntnisse – die allerdings niemals zu »Fachidiotentum« führen dürfen – liegt der Schlüssel zum Problem der Nach-Alphabetisierung. Denn sie ist ja kein von der Alphabetisierung getrenntes Moment, sondern ihre Fortsetzung und damit ebenso ein Erkenntnisakt. So gesehen, beginnt die Nach-Alphabetisierung bereits in der Alphabetisierung. Die Alphabetisierung umfaßt das Erlernen von Lesen und Schreiben sowie die notwendige Entwicklung der Ausdrucksfähigkeit; dabei wird nach einer dynamischen Methode vorgegangen, in der sich Lernende und Lehrende um ein kritisches Verständnis der gesellschaftlichen Praxis bemühen. Lesen und Schreiben zu lernen beinhaltet auch, durch die richtige Analyse der gesellschaftlichen Praxis die Realität »entziffern« zu lernen.

In dieser Phase ist es jedoch bereits möglich, im Gespräch über bestimmte Aspekte dieser Praxis, zum Beispiel die Produktion, technische Probleme im Zusammenhang mit der Frage »Wie wird produziert?« anzusprechen.

In der Nach-Alphabetisierung wird das Entziffern der gesellschaftlichen Realität in vertiefter Form fortgesetzt, wobei es jetzt bereits mit einem fortgeschrittenen technischen Können verbunden ist, zu dem sich besseres Beherrschen der Sprache, präziseres Wissen über ökonomische und gesellschaftliche Organisation, über Geschichte, Geographie, Mathematik etc. gesellen.

Wir hatten vorher von der Unmöglichkeit gesprochen, die Theorie von der Praxis zu trennen: eine Gesellschaft, die sich um die Verwirklichung der radikalen Einheit von Theorie und Praxis bemüht, wird sich auch bemühen, die Dichotomie zwischen Kopfarbeit und Handarbeit zu überwinden. Daraus resultiert dann ein vollkommen anderes

Erziehungsmodell, in dem die Schule – weder im Primar- oder Sekundarbereich noch auf Hochschulebene – sich nicht wesentlich von einer Fabrik oder der Arbeit auf dem Feld unterscheidet und auch nicht neben diesen steht. Und selbst wenn die Schule außerhalb der Fabrik oder der praktischen Arbeit auf dem Feld existiert, bedeutet dies weder, daß sie eine höherwertige Instanz ist, noch, daß die Fabrik und die Feldarbeit nicht auch Schulen sind. Denn basierend auf der dynamischen Einheit von Theorie und Praxis definiert sich die Schule weder innerhalb noch außerhalb der Fabrik als eine Institution, die in bürokratischer Weise verantwortlich wäre für das Weiterreichen von selektivem Wissen, sondern als ein Pol oder ein Moment dieser Einheit. An welchem Ort wir also auch immer von dem konkreten Kontext Abstand nehmen, in dem eine bestimmte Praxis realisiert wird, und kritisch über diese Praxis reflektieren, haben wir es darin immer mit einem theoretischen Kontext zu tun, mit einer Schule, im radikalen Sinn, den das Wort haben muß.

Nach diesen Anmerkungen können wir jetzt von den Kodierungen sprechen, die Sie für die Projektoren benötigen und die Sie selbst in Guinea vorbereiten müssen. Die Kodierungen stellen Aspekte der Realität dar, sie drücken »Momente« des konkreten Kontextes aus. Von daher sind sie zum einen Mittler zwischen dem konkreten und dem theoretischen Kontext – in unserem Fall wäre dies der »Kulturzirkel«. Zum anderen sind sie Mittler zwischen dem Lehrer und den Lernenden als Subjekten, die zu erkennen suchen. Deshalb ist die Kodierung, wenn sie so dynamisch begriffen wird, kein einfaches Hilfsmittel, dessen sich der Lehrer bedient, um einen besseren Unterricht zu »geben«, sondern ein Erkenntnisobjekt, das für ihn die gleiche Herausforderung darstellt wie für die Lernenden.

Je nach dem verwendeten Kommunikationsmittel kann die Kodierung sein:

a) visuell,
b) auditiv,
c) taktil,
d) audio-visuell, d. h. hier werden gleichzeitig visuelle und auditive Medien eingesetzt.

Die visuelle Kodierung wiederum kann sein:

a) bildhaft – Bild, Zeichnung, Fotografie,
b) graphisch – geschriebene Sprache,
c) mimisch – Ausdruck des Gedankens mit Hilfe von Gesten*.

* In einer einfachen Fußnote möchte ich hier einen Gedanken festhalten, der mich

Die Kodierung kann einfach oder komplex sein, je nachdem, ob nur ein einziges Medium oder mehrere Medien gleichzeitig eingesetzt werden. Als Sprache, jedoch nicht zwangsläufig geschriebene Sprache, ist jede Kodierung immer eine Rede, die gelesen werden muß. Als solche besitzt sie eine »Oberflächenstruktur« und eine »Tiefenstruktur«, die in dynamischer Beziehung zueinander stehen. Die »Oberflächenstruktur« ist die Gesamtheit von Elementen, die sie in Interaktion zueinander bilden. Die »Tiefenstruktur« ist nicht sichtbar; sie tritt in dem Maße hervor, wie die Lektüre – die Dekodierung – sich über die Kodierung, oder genauer gesagt über die »Oberflächenstruktur« erhebt. Sie hängt mit den Ursachen der Fakten zusammen, die in der »Oberflächenstruktur« einfach dargestellt sind, aber nicht aufgedeckt werden. Vielleicht können wir die »Oberflächenstruktur« und die »Tiefenstruktur« einer Kodierung besser verstehen, wenn wir den Unterschied zwischen der Lektüre eines Textes unter einerseits grammatikalischem und andererseits syntaktischem Aspekt begreifen. Betrachten wir zum Beispiel den folgenden Satz unter grammatikalischem und syntaktischem Aspekt: *»Ich wünsche, daß ihr gute Arbeit leistet.«*
Bei einer rein grammatikalischen Lektüre werde ich mich damit beschäftigen, die einzelnen Bestandteile des Satzes zu klassifizieren. Ich würde taxonomisch* an den Text herangehen und sagen:

ich – Personalpronomen, 1. Person Singular
wünsche – Verb wünschen, schwach, regelmäßig, 1. Person Singular, Präsens Indikativ
daß – Konjunktion
ihr – Personalpronomen, 2. Person Plural
etc. etc.

Unter syntaktischem Aspekt würde ich anders vorgehen. Ich würde

beschäftigt und der uns vielleicht in der Zukunft neue Forschungswege eröffnen wird. Ich meine das mögliche Potential, das die Mimik als körperlicher Ausdruck in Kulturen haben kann, in denen der Körper nicht einem rationalisierenden Intellektualismus unterworfen wurde; in Kulturen, in denen die allermeisten Menschen sich noch nicht in der strengen Logik der geschriebenen Sprache geübt haben, aus der nicht selten der Mythos der Macht dieser Sprache entspringt – den wir im übrigen in der Alphabetisierung von Anfang an vermeiden müssen. In Kulturen, in denen der bewußte Körper ohne Einengung seiner Beziehung zur Natur sich mühelos seinen Rhythmen entsprechend bewegt. Von daher wäre es sicherlich sinnvoll, an die Verwendung von mimischen Spielen als Kodierungen zu denken und in den bildhaften Dekodierungen die Bewegung stärker zu betonen. Ich wiederhole, daß dies nur reine Fragestellungen sind, nur Spuren, die wir aufnehmen können.

* Taxonomie – Teil der Grammatik, die die Wörter in Kategorien klassifiziert: veränderliche Wörter, unveränderliche, Substantive, Verben, Pronomen, Adjektive etc. etc.

mich einerseits damit beschäftigen, den Satz in seiner Totalität zu begreifen, indem ich seine Einzelteile – die in ihrer Interaktion das Ganze bilden – gegeneinander abgrenze, andererseits würde ich mich bemühen zu erkennen, welche Rolle die Wörter in der allgemeinen Struktur des Textes spielen. Auf diese Weise erkenne ich die Ergänzungsbeziehung zwischen *ihr gute Arbeit leistet* und *ich wünsche*. In diesem Sinne ist *ihr gute Arbeit leistet* das Objekt, die direkte Ergänzung von *wünsche*, wobei *wünsche* als Ausdruck eines bestimmten Zustandes, der sich nicht in sich selbst ergänzt, ein transitives Verb ist. Der Satz *ich wünsche* hat *ich* zum Subjekt; das Subjekt des Nebensatzes ist *ihr*, und so fort.

In der syntaktischen Analyse werden also nicht die Wörter jedes für sich klassifiziert, sondern die Beziehungen zwischen ihnen in der allgemeinen Struktur des Kontextes, der einen strukturierten Gedanken ausdrückt.

Wenn wir eine Kodierung nehmen, die Männer und Frauen bei der Feldarbeit darstellt, so besteht die Oberflächenstruktur dieser Kodierung in den darin abgebildeten Elementen; ihre Tiefenstruktur kommt an die Oberfläche, wenn man die Analyse der Oberflächenstruktur weitertreibt und die Ursachen für den kodierten Sachverhalt diskutiert.

Wer einer Kodierung gegenübersteht, wird als erste Reaktion die Oberflächenstruktur entziffern. Er wird sich grammatikalisch, taxonomisch damit beschäftigen und die Elemente der Kodierung beschreiben. Und doch wird, ausgehend von einer solchen »Lektüre«, allmählich die tiefere Ebene der Kodierung erreicht; dabei darf sich der Lehrer weder derart in den Vordergrund drängen, daß die Präsenz der Lernenden nur noch ein bloßer Reflex seiner eigenen ist, noch soll er sich verleugnen, als schämte er sich, Lehrer zu sein.

Wenn wir mit der Oberflächen- und Tiefenstruktur einer Kodierung kritisch umzugehen wissen, können wir uns vor zwei Gefahren bewahren. Die eine wäre, die Kodierung auf eine zu übermittelnde Botschaft zu reduzieren, wo sie doch in Wirklichkeit ein Erkenntnisobjekt und damit eine Herausforderung ist, ein Problem, das es aufzudecken gilt. Die zweite, die Kodierung zu einer »harten Nuß« zu machen.

Im ersten Fall ist der Kode identisch mit der eigentlichen Botschaft und tritt so deutlich zutage, daß die Anstrengung des Dekodierens fast überflüssig wird. Die Kodierung ist praktisch in sich selbst dekodiert. Die propagandistische Kodierung illustriert das eben Gesagte in exemplarischer Weise. Daraus erklärt sich auch ihr repressiver Charakter.

Im zweiten Fall weist die Oberflächenstruktur der Kodierung eine der-

maßen rätselhafte, unzugängliche Zusammensetzung auf, daß die Arbeit der Dekodierung behindert wird.
Was den Stil betrifft, können die Kodierungen komisch und humoristisch sein. Wenn auch beide Gelächter und Gefühlsäußerungen hervorrufen, beide kathartisch wirken, so unterscheiden sie sich doch darin, daß die einen eher zur Folge haben, daß der Dekodierer auf der Ebene der Oberflächenstruktur bleibt, während die anderen den Zugang zu der Tiefenstruktur der Kodierung erleichtern*.

Kodierungen und generative Wörter
Sind die generativen Wörter gemäß den Ihnen bekannten Kriterien ausgewählt, werden die entsprechenden Kodierungen erarbeitet. Zwischen dem generativen Wort und seiner Kodierung muß eine Beziehung bestehen. Manchmal umfaßt diese Beziehung die Kodierung als Ganzes, in anderen Fällen bezieht sich das Wort auf einen bestimmten Teil der Kodierung.

Ein Beispiel für den ersten Fall:

Generatives Wort: *Arbeit*
Kodierung: Männer und Frauen bei der Arbeit

Beispiel für den zweiten Fall:

Generatives Wort: *Ziegelstein*
Kodierung: Männer bei der Arbeit auf einem Bau, wobei der Gegenstand Ziegelstein besonders deutlich dargestellt ist

Ihre Arbeit wird also die Vorbereitung des Materials, d. h. der Kodierungen zu den 17 generativen Wörtern sein, aus denen das Alphabetisierungsprogramm, das in den Versuchszirkeln entwickelt werden soll, bestehen wird.
Danach folgt zum Beispiel eine Serie von Diapositiven, die in Brasilien verwendet wurden, in denen das generative Wort in der Kodierung dargestellt ist, und im Anschluß daran die Diapositive, in denen das Wort in Silben zerlegt erscheint.
Dem schließt sich eine Serie von Diapositiven an, die in »Erziehung als Praxis der Freiheit«** abgebildet sind und die in Brasilien der Ausgangspunkt für die Diskussion über den Begriff »Kultur« waren. Eine solche Diskussion impliziert letztendlich die kritische Wahrnehmung der Beziehungen zwischen den Menschen und der natürlichen Welt, aus der durch Veränderung die spezifisch menschliche Welt wird – die Welt der Kultur und der Geschichte.

* Für die Arbeit von Claudius Ceccon trifft genau der zweite Fall zu.
** Paulo Freire, Erziehung als Praxis der Freiheit, Reinbek 1977, (Anm. der Übers.).

In Brasilien ging diese Diskussion der Alphabetisierung voraus und wurde mit ihr fortgesetzt. In Chile fand diese Diskussion gleichzeitig mit der Alphabetisierung statt, vor allem aufgrund der Reaktion der Lernenden, die darauf drängten, sofort Lesen und Schreiben zu lernen. Wichtig ist nur, daß diese Frage überhaupt behandelt wird.
Es wäre vielleicht sinnvoll, ein paar dieser brasilianischen Kodierungen – jene, die am besten zu der guineischen Realität passen – mit einigen Alphabetisierungsgruppen zu testen und die Reaktion der Teilnehmer zu untersuchen.
Sollten Sie einen solchen Versuch machen, ist es wichtig, daß die Diskussionen aufgezeichnet werden und die dortige Arbeitsgruppe sie kritisch analysiert. Bei unserem nächsten Besuch in Guinea Bissau könnte eine unserer Arbeitssitzungen der Untersuchung dieser Aufzeichnungen sowie den vielfältigen Verwendungsmöglichkeiten der Redebeiträge der Zirkelteilnehmer gewidmet sein; diesen Punkt hatten wir ja bereits im September angesprochen.
Ein weiterer Punkt, über den wir zusammen im Februar arbeiten können, sofern der Genosse Mário Cabral die von uns vorgeschlagenen Daten bestätigt, ist die Frage, wie die Lernenden motiviert werden können, in kleinen Gruppen Kodierungen selbst zu erstellen, wobei jede Gruppe, die eine oder mehrere Kodierungen erarbeitet hat, auch die Gespräche über diese Kodierungen koordinieren sollte.
Sobald wir das Material – die Kodierungen und die zerlegten generativen Wörter – von Ihnen erhalten haben, werden wir hier die Dia-Serien herstellen lassen, die das Programm für die Lesezirkel bilden sollen.
Schließlich werden wir Ihnen noch in den nächsten Tagen Fotokopien von Texten von mir zusenden, die ich im nächsten Jahr als Buch veröffentlichen werde. Ich hatte davon in Guinea Bissau gesprochen. Vielleicht sind einige dieser Texte für Sie von Interesse. Zum Problem der Kodierung etwa finden Sie etwas in »Ação cultural para a libertação«* und auch in der »Pädagogik der Unterdrückten«**.

Mit den herzlichsten Grüßen von uns allen,
Paulo Freire

* In englischer Übersetzung: Cultural Action for Freedom, Penguin Education, London 1974 (Anm. d. Übers.).
** Stuttgart 1971 und Reinbek 1973 (Anm. d. Übers.).

Ingenieur Mário Cabral
Ministerium für Erziehung und Kultur
Bissau

Genf, den 6. Dezember 1975

Lieber Genosse Mário Cabral,

vor einigen Tagen erhielt ich Ihren Brief, mit dem Sie den Erhalt des Briefes bestätigen, in dem wir mitteilten, daß die Fortsetzung unserer Arbeit in Guinea Bissau dank der Finanzierung durch die C.C.P.D. sichergestellt ist und daß die Abteilung Erziehung des Weltkirchenrates unser Projekt unterstützt, indem sie mich dafür freistellt.
Ich hoffe, daß Sie meinen Brief vom vergangenen Monat erhalten haben, dem ich die Kopie meines Briefes an Monica, Edna und Paulo beigefügt hatte.
Heute sende ich Ihnen die Kopie eines weiteren Briefes, den ich gerade an die Genossen geschrieben habe, denn ich meine, daß Sie über unsere Korrespondenz mit der Arbeitsgruppe in Bissau auf dem laufenden gehalten werden sollten, damit Sie die Fortschritte in unserer Arbeit verfolgen können.
Sollte es Ihnen trotz Ihres dichtgedrängten Arbeitsprogramms vielleicht schon möglich gewesen sein, die Nationale Kommission einzusetzen, mit der Sie die allgemeine Politik der Alphabetisierungskampagne diskutieren werden? Es wäre ausgezeichnet, wenn wir bei unserem nächsten Besuch im Februar 1976 wenigstens einmal mit der Kommission zusammentreffen könnten.
Mein lieber Freund, bitte verzeihen Sie mein Drängen. Es geschieht nur aus dem Wunsch, von Nutzen zu sein.

Mit den herzlichsten Grüßen
an Sie und alle Genossen,
Paulo Freire

Arbeitsgruppe
Brief Nr. 2

Genf, den 6. Dezember 1975

Liebe Genossen und Freunde Monica, Edna und Paulo,

ich hoffe, daß Sie meinen Brief über die Kodierungen für den Versuch mit den Projektoren, den ich Ihnen über den Genossen Mário Cabral geschickt hatte, erhalten haben. Ebenso hoffe ich, daß Ihre Arbeit an dem Lehrbuch für »Aktivierer« vorangeht und daß wir es bald erhalten werden.

Ich weiß wohl, daß Sie aufgrund der tausend Dinge, die Sie zu erledigen haben, mit großen Schwierigkeiten kämpfen, dennoch wäre es für uns sehr wichtig, wenn Sie diese Schwierigkeiten überwinden könnten und uns einen ausführlichen Bericht zukommen ließen über alles, was seit unserem Aufenthalt in Bissau getan worden ist. Etwa darüber, wie die Aktivitäten innerhalb der FARP fortgeführt werden, ob die neuen Koordinatoren, die zum Zeitpunkt unseres Besuches noch in der Ausbildung standen, bereits im Einsatz sind und wie ihre Arbeit aussieht. Wenn mich mein Gedächtnis nicht täuscht, hat Marcos Arruda in seinem letzten Brief an Paulo eine ähnliche Bitte ausgesprochen.

Ich weiß nicht, ob Sie Zeit finden, systematische Auswertungsseminare mit den Aktivierern abzuhalten, in denen Sie gemeinsam die Arbeit aller Beteiligten untersuchen – welche Schwierigkeiten auftauchen, und wie man ihnen zu begegnen versucht. Es gibt Schwierigkeiten, die sich ganz allgemein in allen Zirkeln wiederholen, und es ist wichtig, daß die Aktivierer sich untereinander informieren, wie jeder einzelne von ihnen diese Schwierigkeiten angeht. Auf diese Weise lernen sie gemeinsam, und das hat eine starke stimulierende Wirkung auf ihrer aller Kreativität.

In diesen Seminaren können zum Beispiel bestimmte autoritäre Verhaltensweisen einiger Koordinatoren ebenso wie bestimmte spontaneistische Ausrutscher anderer Koordinatoren analysiert und diskutiert werden. Diese Dinge völlig zu vermeiden, ist praktisch unmöglich, es sei denn, man arbeitet nur mit zehn oder fünfzehn Personen, was im übrigen sinnlos wäre.

Zu den Auswertungsseminaren könnten auch Gruppen von Lernenden hinzukommen. Ihre Teilnahme wäre durch zwei wesentliche Gründe gerechtfertigt: zum einen, weil in diesen Seminaren über eine Arbeit gesprochen wird, deren Subjekte sie selbst im gleichen Maße wie die Koordinatoren sind, zum anderen, weil sie dadurch ihre Ausbildung vertiefen können. Und auch das Lehrbuch für Aktivierer, an dem Sie zur Zeit arbeiten, sollte durch den Filter dieser Seminare gegangen sein.

Sollten Sie noch nicht an eine Arbeit dieser Art gedacht haben und sich jetzt dazu entschließen, stellt sich die Frage nach der besten Verfahrensweise, wobei ich vorschlagen würde, daß die Diskussionen unbedingt aufgezeichnet werden sollten. Denn die Tonbandaufzeichnungen von Diskussionen sind bereits für sich allein eine wichtige Dokumentation; sie ermöglichen es, den Verlauf der Arbeit zu beobachten und können im übrigen auch in Auswertungsseminaren anderer Gruppen verwendet werden.

Die Auswertungsarbeit ist ein Teil der Ausbildung und als solcher unabdingbar mit der Suche nach neuen Aktionsformen verbunden. Indem sie die geleistete Arbeit problematisiert, ist sie gleichzeitig auch das kritische Moment dieser Arbeit. Die Subjekte dieser Arbeit blicken zurück, um ihr Handeln in dem einen oder anderen Punkt gutzuheißen oder zu korrigieren und damit ihre zukünftige Tätigkeit und entsprechend auch sich selbst darin zu bereichern. Deshalb müssen wir als Mitglieder einer zentralen Arbeitsgruppe nicht nur die Aktivitäten innerhalb der Kulturzirkel aufmerksam verfolgen, sondern von Zeit zu Zeit auch die Diskussionen in den Zirkeln leiten. So nehmen wir in den Auswertungsseminaren, in denen die Arbeit in den Zirkeln Gegenstand der Analyse ist, weder als dieser Arbeit gegenüber Fremde noch als »Beobachter« teil, die nur einfach gesehen hätten, wie die anderen arbeiten.

Es ist allerdings auch möglich, daß Sie vielleicht an eine andere Methode denken oder sie bereits anwenden. Das spielt keine Rolle. Die Hauptsache ist erstens, daß eine ständige Auswertung der laufenden Arbeit überhaupt geschieht und zweitens, daß die Auswertung niemals zu einer Überwachung wird.

Ich schicke Ihnen per Luftpost die versprochenen Texte zu, bei deren Lektüre Sie, dessen bin ich sicher, immer die guineische Realität als Bezugspunkt im Auge haben werden.

In Erwartung Ihrer Antwort grüßt Sie herzlich
Paulo Freire

Ingenieur Mário Cabral
Ministerium für Erziehung und Kultur
Bissau

Genf, den 5. Januar 1976

Lieber Genosse Mário,

wieder sende ich Ihnen die Kopie eines weiteren, diesmal ziemlich langen Briefes an die Genossen Monica, Edna und Paulo.
Ich glaube, daß die darin behandelte Thematik mit der Realität von Guinea Bissau zu tun hat, was aber nicht bedeutet, daß Sie und die anderen Genossen mit meinen Ausführungen völlig übereinstimmen müssen.
Es wäre vielleicht interessant, im Februar mit der Gruppe die Hauptpunkte dieses Briefes zu diskutieren.
Zusammen mit der für Sie bestimmten Kopie schicke ich Ihnen eine weitere Kopie, die Sie bitte an die Genossin Dulce aus dem Fachschulbereich weiterleiten wollen. Möglicherweise ist der Brief auch für sie von Interesse.
Wir freuen uns auf unsere Reise nach Guinea und auf das Wiedersehen mit Ihnen und auch darauf, ein wenig von dieser Lebensfreude zu atmen, die hier in unseren Breitengraden so selten ist.

Mit den herzlichsten Grüßen an alle,
Paulo Freire

Arbeitsgruppe
Brief Nr. 3

Genf, den 5. Januar 1976

Liebe Genossen Monica, Edna und Paulo,

vielleicht brauche ich es nicht zu sagen, aber auf jeden Fall möchte ich doch betonen, daß ich, wenn ich Ihnen mehr oder weniger eifrig schreibe, dies weder tue, um unsere Beziehungen zu bürokratisieren, noch, um meinen Briefen irgendeine Form der Vorschrift zu verleihen. Ich schreibe einfach aus dem Bedürfnis, mit Ihnen über Dinge zu sprechen, die uns im Zusammenhang mit unserer Arbeit interessieren.
Wenn ich Ihnen schreibe, will ich Sie natürlich herausfordern, aber indem ich das tue, fordere ich auch mich heraus. Wir können nicht jemand wirklich herausfordern, ohne gleichzeitig uns selbst der Herausforderung zu stellen. Manchmal zögere ich vor einem Wort oder einem Satz und frage mich, ob das, was ich schreibe, wirklich das ausdrückt, was ich sagen möchte, und ob vor allem das, was ich sage, wirklich mit dem Konkreten zu tun hat, worüber ich nachdenke.
Heute möchte ich einige Probleme ansprechen, denen wir begegnen, wenn wir uns in der Auseinandersetzung mit der Theorie und Praxis der Erwachsenenalphabetisierung fragen, was danach folgt.
Ich will hier keine ausführliche Analyse der Nach-Alphabetisierung anstellen, sondern eine Stellungnahme verdeutlichen, die meiner Einschätzung der Alphabetisierung entspricht. Denn die Überlegungen über die Nach-Alphabetisierung sind auf das engste mit der Praxis und dem Konzept der Alphabetisierung verknüpft.
Ich habe immer, wenn ich über das Problem Erwachsenenalphabetisierung gesprochen habe, betont, daß eine befreiende Alphabetisierung ein schöpferischer Akt sein muß, in dem an die Stelle von Bücherweisheiten ein Wissen tritt, das der kritischen Reflexion über eine konkrete Arbeitserfahrung entspringt. Deshalb spreche ich auch immer wieder von der dialektischen Beziehung zwischen dem konkreten Kontext, in dem die Arbeit geleistet und dem theoretischen Kontext, in dem die kritische Reflexion über die Arbeit angestellt wird.
Aus dieser praktisch-theoretischen Sicht der Alphabetisierung kann diese niemals als Abschnitt verstanden werden, in dem formal Lesen und Schreiben gelernt wird, als eine Art erste Instanz in loser Ver-

bindung zu den folgenden Instanzen. Und sie kann auch nicht als eine Art »Behandlung« verstanden werden, die man denen angedeihen läßt, die sie brauchen, um sich später, wenn sie von der »Krankheit« genesen sind, in ein ebenso livreskes »höheres Abenteuer« – die Nach-Alphabetisierung – zu begeben.

So wie ich sie verstehe, enthält die Erwachsenenalphabetisierung bereits die Nach-Alphabetisierung in sich. Sie setzt fort, intensiviert und diversifiziert den Erkenntnisakt, der in der Alphabetisierung beginnt. Es handelt sich also nicht um zwei getrennte Prozesse – erst der eine, dann der andere –, sondern um zwei Momente des gleichen gesellschaftlichen Bildungsprozesses. Und dieser Prozeß – ob er nun Erziehung, kulturelles Handeln oder »animation« genannt wird –, impliziert immer, sowohl in der Alphabetisierung wie auch in der Nach-Alphabetisierung, daß eine bestimmte Erkenntnistheorie in die Praxis umgesetzt wird.

Was erkennen, wie erkennen, zu welchem Zweck erkennen, für was und für wen erkennen, also auch gegen was und gegen wen erkennen, dies sind praktisch-theoretische und keine rein intellektuellen Fragen, die die Erziehung als Akt der Erkenntnis uns stellt. Es sind fundamentale Fragen, dynamisch verknüpft, mit anderen Fragen zum erzieherischen Handeln, zu seinen Möglichkeiten, seiner Legitimität, seinen Zielen und Zwecken, seinen Trägern, seinen Methoden und seinen Inhalten.

So wie diese Fragen alle zusammengehören, erfordern sie auch Antworten, die zusammengehören. Wenn ich mich also mit der Frage beschäftige, was erkannt werden soll, beschäftige ich mich zwangsläufig auch mit den Fragen, zu welchem Zweck, wie, für was und für wen, gegen was und gegen wen erkannt werden soll.

Ich möchte betonen, daß es nicht der Zweck dieses Briefes ist, die oben aufgeworfenen Fragen systematisch und gründlich zu behandeln, was aus der Aufzählung geschlossen werden könnte. Ich möchte nur darauf aufmerksam machen und ein paar Worte dazu sagen.

Die Antwort auf die Frage »was erkennen« hat direkt mit der Zusammensetzung des programmatischen Inhalts des erzieherischen Handelns zu tun und umfaßt damit eine ganze Reihe von Blickwinkeln, die nicht außer acht gelassen werden dürfen und in denen die Frage »zu welchem Zweck« erkennen, auf das engste verknüpft mit dem wie, für was und für wen, gegen was und gegen wen erkennen, der Orientierungspunkt ist, von dem aus das, was erkannt werden soll, abzugrenzen ist.

Von daher steht die Abgrenzung des »was erkennen« – und ohne eine

solche Abgrenzung ist es unmöglich, den programmatischen Inhalt des erzieherischen Handelns zu organisieren – in engstem Zusammenhang mit dem geplanten Gesellschaftssystem, mit den Prioritäten, die dieses System setzt und mit den konkreten Bedingungen für seine Verwirklichung.
Wenn ich von dem geplanten gesamtgesellschaftlichen System spreche, dann sehe ich darin keine abstrakte Idee, keinen willkürlichen Entwurf, keine in den Köpfen von politischen Führern fertige Vorstellung. Ich beziehe mich dabei auf eine bestimmte Anzahl von Zielen, die zusammengehören und die übereinstimmen mit einem bestimmten Ziel im Bereich der ökonomischen und sozialen Organisation, der internen Distribution ebenso wie des Außenhandels, des Kommunikationswesens, der Kultur, des Gesundheitswesens und der Erziehung im allgemeinen, die diesem Ziel dienen soll. Diese Einzelziele sind schrittweise zu erreichen, sie umfassen eine globale Planungspolitik sowie eine spezifische Politik zu ihrer Verwirklichung.
Die Praxis, die auf die Konkretisierung dieser Ziele ausgerichtet ist, kann den Projektentwurf in dem einen oder anderen Punkt korrigieren, aber sie kann nicht auf den Entwurf als Vorgabe verzichten. Deshalb verlangt die Abgrenzung des »was erkennen« für die Organisation des programmatischen Inhaltes des erzieherischen Handelns von allen daran Beteiligten, gleich auf welcher Ebene, vollkommene politische Klarheit, die für sich allein noch nicht genügt, aber absolut unerläßlich ist. Politische Klarheit darüber, zu welchem Zweck, wie und zu wessen Gunsten die Politik betrieben wird. Eine Politik, die auf allen Sektoren von einer unflexiblen Bürokratie gemacht wird, die vorgibt, im Namen der Bevölkerungsmassen zu handeln, an diese aber nur Anweisungen weitergibt, ist eine Sache; eine andere ist die Politik, die mit der Bevölkerung zusammen gemacht wird, in der die Bevölkerung in kritischem Bewußtsein am Wiederaufbau ihrer Gesellschaft partizipiert, in der Anweisungen zwar notwendig sind, aber niemals zu leeren »Floskeln« werden.
Wenn wir gegenüber der Realität und der Erziehung politisch klar sehen und dabei ständig darüber wachen, daß die Kohärenz zwischen unserer Arbeit und der projizierten neuen Gesellschaft gewahrt bleibt, vermeiden wir die Gefahr, das Curriculum auf ein Bündel von technischen Verfahren neutralen Charakters zu reduzieren. Die Organisation des programmatischen Inhaltes der Erziehung – mag es sich nun um den Primar-, Sekundar- oder Universitätsbereich handeln oder um eine Kampagne zur Erwachsenenalphabetisierung – ist ein eminent politischer Akt, so wie auch die Einstellung politisch ist, die uns in der Wahl bestimmter Techniken und Methoden zur Konkretisierung dieser

Aufgabe leitet. Der politische Charakter dieses Tuns hängt nicht davon ab, ob wir ein Bewußtsein von diesem Tun haben oder nicht. Das Wissen, wie das »was erkennen« abgegrenzt wird, kann nicht getrennt werden von »zu welchem Zweck erkennen« noch von den übrigen bereits genannten Fragen. Aus eben diesem Grunde gibt es keine neutralen Experten, die neutrale Techniken »beherrschen«, weder im Bereich der Curriculumorganisation noch in irgendeinem anderen Bereich. Es gibt keine neutralen Methodologen, die lehren könnten, wie man neutral Geschichte oder Geographie, die Muttersprache oder Mathematik unterrichtet.

Von daher ist die Abgrenzung des »was erkennen« für die Organisation des programmatischen Inhaltes der Erziehung in einer Gesellschaft, die gerade ihre koloniale Abhängigkeit hinter sich gelassen hat – mit all dem, was dies bedeutet – und sich im revolutionären Kampf um ihren Wiederaufbau befindet, eine der wichtigsten Aufgaben. Die Abgrenzung des »was erkennen« erschöpft sich jedoch nicht darin, daß ein bestimmter programmatischer Inhalt durch einen anderen ersetzt wird, der vielleicht den Zielen der im Wiederaufbau befindlichen Gesellschaft eher entspricht. Wenn ich auch zugeben muß, daß dieses Verfahren manchmal der einzig gangbare Weg ist, muß mit Nachdruck darauf verwiesen werden, daß es nicht genügt, den programmatischen Inhalt zu verändern, dabei aber die vorherige Praxis, die vielleicht in dem einen oder anderen Punkt korrigiert wurde, beizubehalten und damit auch die darin angewandte Erkenntnismethode und den elitären Geist, der sie beherrscht.

Den elitären Charakter der Erziehung mit allen seinen Implikationen beizubehalten, hat seinen Sinn für eine Gesellschaft, die aus kolonialer Abhängigkeit tritt, um sich in eine neokoloniale Abhängigkeit zu begeben, und die von einheimischer, imperialistische Interessen vertretender Herrschaftselite »regiert« wird. Daß dies nicht auf Guinea Bissau zutrifft, daran besteht wohl nicht der geringste Zweifel.

Das entscheidende Problem ist also nicht, nur ein altes, den kolonialistischen Interessen angepaßtes Programm durch ein neues zu ersetzen, sondern die Kohärenz herzustellen zwischen der sich revolutionär neu aufbauenden Gesellschaft und der Erziehung als ein Ganzes, das der Gesellschaft dienen muß. Und die Erkenntnistheorie, die diese Erziehung in die Praxis umsetzen muß, impliziert eine Erkenntnismethode, die in direktem Gegensatz zu der entsprechenden Methode des kolonialistischen Erziehungssystems steht.

Eine solche Gesellschaft, die sich bemüht, der Herausforderung des Wiederaufbaus in der richtigen Weise zu begegnen, läuft die Gefahr, bestimmte moderne Modelle des Westens zu übernehmen, u. a. natürlich auch das Erziehungsmodell mit seinem Klassencharakter, als wäre es möglich, mit Hilfe dieses Modells das Problem des Mangels an einheimischen Führungskräften mit mittlerer und universitärer Qualifikation zu lösen, die dringend für die enorme Aufgabe des Wiederaufbaus benötigt werden.

Gerade weil dies eine Gefahr ist, gilt das nur für die Gesellschaft, die sich revolutionär neu gestalten will. Was also für diese Gesellschaft eine Gefahr ist, ist der richtige Weg für die gegen das Volk gerichtete, imperialistische Interessen vertretende Führung einer anderen Gesellschaft. Der Mangel an Führungskräften ist jedoch ein Negativum, das auch seine guten Seiten hat. Vorausgesetzt, die Kolonialmacht hätte, wenn auch nur in geringem Maße, für die Möglichkeit universitärer Ausbildung gesorgt, dann hätte dies nur in Funktion ihrer eigenen Interessen, also kolonialistisch und selektiv geschehen können, so wie ja auch die Erziehung in den urbanen Bereichen des Landes während der Kolonialherrschaft kolonialistisch und selektiv war.

Eine solche Ausbildung würde eine bestimmte Schicht der Bevölkerung erreichen und damit die Klassenposition der Graduierten stärken, die ihrerseits die Reihen der städtischen Intellektuellen im Dienste der Kolonialmacht anwachsen lassen würden. Zu der Rolle, die eine kleine Gruppe dieser Intellektuellen im Befreiungskampf ihres Landes haben könnte, sagte Amilcar Cabral: sie müßten »fähig sein, als Klasse Selbstmord zu begehen, um als revolutionäre Arbeiter wieder hervorzugehen, die sich vollständig mit den tiefsten Wünschen des Volkes, zu dem sie gehören, identifizieren«*; er selbst hat dies in exemplarischer Weise getan. Die »Re-Afrikanisierung« dieser Intellektuellen, von der Amilcar Cabral immer wieder gesprochen hat, war in diesem »Tod« und dieser »Wiedergeburt« impliziert.

Nun ist es jedoch so, daß dieser »Tod« nicht so leicht akzeptiert wird – die Geschichte lehrt uns das –, auch von einem großen Teil derer nicht, die sich verbal für die Revolution entscheiden. Die intellektuelle kleinbürgerliche »Bildung«, die die Klassenposition der Einzelnen stärkt, läßt sie leicht die Gültigkeit ihres Tuns verabsolutieren, ihre Arbeit höher bewerten als die Arbeit derer, die nicht über diese Bildung verfügen.

Wann immer eine revolutionäre Führung das Feld wissenschaftlicher Forschung absteckt und irgendeine Tätigkeit unterbindet, deren unmittelbare Resultate nicht in der Lage wären, die dringlichsten Probleme

* Amilcar Cabral, Die Revolutoin der Verdammten, Berlin 1974, S. 59.

der breiten Mehrheit der Bevölkerung lösen zu helfen, fühlen sich deshalb diese Intellektuellen diskriminiert und eingeengt.
Von daher wird noch viel in Guinea Bissau untersucht, getan und verbessert werden müssen, ehe ein Forscher sich der wissenschaftlichen Analyse der Gründe widmet, warum dieses hübsche Tierchen, das es bei uns und sicherlich auch in Guinea gibt – ich meine das Faultier –, sich so langsam bewegt. Es wird in Guinea viel Fleiß verwendet werden müssen auf das Sammeln von Sagen und Volksmärchen, um diese als Lektüretext für Kinder und Erwachsene zu verwenden, ehe ein gelehrter Literaturprofessor Seminare über Mallarmé und den Symbolismus »abhalten« wird.
Letztlich bin ich überzeugt, daß es leichter ist, einen neuen Typus des Intellektuellen zu schaffen – der sich in der Einheit von Theorie und Praxis, von Kopfarbeit und Handarbeit herausbildet – als den elitären Intellektuellen umzuerziehen. Wenn ich sage, daß es leichter ist, schließe ich damit aber die Möglichkeit einer solchen Umerziehung nicht grundsätzlich aus.
Es geht für eine solche Gesellschaft also nicht darum, weiterhin elitäre Intellektuelle auszubilden, damit diese anschließend »Selbstmord« begehen, sondern es nicht zuzulassen, daß sie zu elitären Intellektuellen werden. Es geht darum, wie das oben genannte Negativum ins Positive verkehrt werden kann; wie die Führungskräfte nicht nur im Ausland, sondern auch im eigenen Land in nicht elitärer Weise ausgebildet werden können und wie das »was erkennen« in enger Beziehung zu neuen pädagogischen Methoden abgegrenzt werden kann. Letztlich stellt sich also die Frage, wie das Erziehungssystem bei totaler Überwindung des Kolonialerbes neu orientiert werden kann, mit anderen Zielen, anderen Inhalten, einer anderen Praxis und einem anderen Erziehungskonzept.
Die Abgrenzung des »was erkennen« für den Bereich der Erwachsenenalphabetisierung, d. h. die Zusammenstellung des programmatischen Inhaltes, kann nicht außerhalb des Rahmens für die Neuorientierung des gesamten Erziehungssystems vollzogen werden, das seinerseits wiederum dem Projekt der neuen Gesellschaft entsprechen muß. Wenn das neue Erziehungssystem zwar vielleicht in dem einen oder anderen Punkt revidiert wird, aber im großen und ganzen dem elitären, verbalistischen, autoritären Modell folgt, das die Interessen der Kolonialmacht befriedigte, wird die Erwachsenenalphabetisierung, unabhängig von ihrer Orientierung, darauf hinauslaufen, einigen wenigen Zugang zu den Privilegien zu verschaffen, die dieses System verteidigen wird.
Wenn man also über die Erwachsenenalphabetisierung und die Nach-

Alphabetisierung spricht, muß man über den gesamten Komplex Erziehung sprechen. Und über Erziehung zu sprechen bedeutet, über das geplante gesamtgesellschaftliche System nachzudenken.
Während die koloniale Erziehung als eines ihrer Hauptziele neben der »Entafrikanisierung« der Einheimischen die Ausbildung von subalternen Verwaltungsfachleuten betrieb, gilt es jetzt, den neuen Menschen auszubilden und jenen neuen Typus des Intellektuellen zu schaffen, von dem ich oben gesprochen habe. Und diese fundamentale Aufgabe wird die im Aufbau befindliche Gesellschaft bestimmt nicht mit dem erfüllen können, was sie von der Kolonialmacht geerbt hat.
In einer Gesellschaft, die sich auf diese Weise neu zu gestalten versucht, ist die permanente Wachsamkeit im kulturellen Bereich, in jeglicher Form der Volksbildung, von entscheidender Bedeutung. »Wachsamkeit ist in der Kultur ebenso unerläßlich wie in der Politik«, sagte Cabral.* Deshalb kann jedes Nachlassen in dieser Wachsamkeit fatale Folgen für die geplante neue Gesellschaft haben. Und wenn diese in ihrem Wiederaufbau den Weg zum Sozialismus eingeschlagen hat, muß sie einerseits die Produktionsformen im Hinblick auf dieses Ziel organisieren, andererseits ihr Erziehungswesen in enger Beziehung zur Produktion strukturieren, und zwar so, daß die Lernenden sowohl den Produktionsprozeß verstehen lernen als auch die notwendige technische Ausbildung erhalten.
Deshalb kann der neue Mensch, den diese Gesellschaft anstrebt, nur durch die produktive Arbeit zum Wohle der Allgemeinheit geschaffen werden. Das Gemeinwohl muß absoluter Maßstab für jegliches Handeln sein, selbst dann, wenn es nur in mittelbarer Beziehung zu ihm steht. Dies bedeutet – ich muß es noch einmal sagen – daß eine solche Erziehung keinen selektiven Charakter haben kann, denn sonst würde sie entgegen den sozialistischen Zielen die Dichotomie zwischen Kopfarbeit und Handarbeit verfestigen. Diese Dichotomie muß dagegen überwunden werden, damit in der neuen Gesellschaft die Grundschule, die weiterführende Schule und die Universität sich nicht wesentlich von der Fabrik oder der produktiven Arbeit auf dem Feld unterscheiden, noch neben diesen stehen. Und selbst wenn sie als theoretischer Kontext außerhalb einer Fabrik oder eines Feldes bestehen, bedeutet dies nicht, daß sie als höhere Instanz gelten, noch daß Fabrik und Feld nicht auch Schulen wären.
Aus der dynamischen Einheit von Theorie und Praxis definiert die Schule sich niemals als eine Institution, die in bürokratischer Weise für

* Amilcar Cabral, a.a.O., S. 324.

das Weiterleiten von ausgewähltem Wissen verantwortlich wäre. Und ebensowenig definiert sie sich als »Markt« des Wissens. Die Überwindung der Dichotomie zwischen Kopfarbeit und Handarbeit, zwischen Theorie und Praxis muß sich jedoch auch fortsetzen in der Überwindung der Dichotomie zwischen Lehren und Lernen, zwischen der Kenntnis des heutigen Wissens und dem Schaffen von neuem Wissen. Mit der Überwindung dieser Dichotomien tritt an die Stelle einer Schule als »Wissensmarkt« die Schule als »Demokratisches Zentrum«, von der der Genosse Samora Machel spricht*.

In der Schule als demokratisches Zentrum gibt es weder den Lehrer, der ausgewähltes Wissen in autoritärer Weise weiterleitet, noch den Schüler, der das weitergeleitete Wissen passiv in Empfang nimmt. An ihre Stelle treten, wie Samora Machel weiter sagt, militante Lehrer und Schüler: der Lehrer, der beim Lehren lernt und der Schüler, der beim Lernen lehrt.

In einer solchen Erziehung, die sich mit einem Gesellschaftssystem deckt, das die bewußte Partizipation der Arbeiter in der Stadt und auf dem Lande am Wiederaufbau der Gesellschaft fördert, muß die Abgrenzung des »was erkennen« – wobei dieses ebenfalls dem System entsprechen muß – unter der Beteiligung der Lernenden geschehen. Dies bedeutet ganz klar, daß die Dialog-Beziehung zwischen dem militanten Lehrer und dem militanten Schüler als Siegel des Erkenntnisaktes nicht nur im Zusammenhang mit dem besteht, was der eine dem anderen zur Aufgabe stellt, sondern auch bei der Abgrenzung des »was erkennen«.

Der programmatische Inhalt der Erziehung erfährt in den Themen, die für eine im Wiederaufbau befindliche Gesellschaft von fundamentaler Bedeutung sind, keinerlei Einbuße, wenn die Lernenden an seiner Organisation beteiligt sind; für die Lernenden jedoch hat die Teilnahme an dieser Arbeit einen unbestreitbaren Bildungseffekt. Und ganz abgesehen davon haben sie als militante Schüler einen Anspruch auf Mitspracherecht bei der Bestimmung dessen, was sie wissen und lernen müssen, um besser der Allgemeinheit dienen zu können.

Wenn wir uns also in Guinea Bissau für die Erwachsenenalphabetisierung und die Nach-Alphabetisierung die Frage nach der Abgrenzung des »was erkennen« stellen, gehen wir dabei ebenfalls von den Massen aus. Das heißt, wir gehen davon aus, daß die mobilisierten Massen bereits vom ersten Augenblick ihres permanenten Ausbildungsprozesses an die Rolle von Subjekten übernehmen.

* Samor Machel, Fazer da escola uma base para o povo tomar o poder, Cadernos Cultura popular 5, 1974.

Von daher ist die Alphabetisierung, in der die Nach-Alphabetisierung ja bereits angelegt ist, von Anbeginn eine Arbeit mit den Massen und nicht über sie.

So wie in der Schule als »demokratisches Zentrum« die Beteiligung des militanten und nicht privilegierten Schülers an der Organisation des Lernprogramms in keiner Weise ein Opfern der fundamentalen Ziele des geplanten Gesellschaftssystems verlangt, muß das gleiche für die Erwachsenenalphabetisierung und die Nach-Alphabetisierung gelten. Und die Verwirklichung dieser Ziele verlangt Klarheit über die in diesem Brief bereits genannten Beziehungen zwischen der Erziehung, deren eine Dimension die Erwachsenenalphabetisierung ist, und der Produktion.

Diese Beziehungen werden transparenter in dem Maße, wie das geplante gesamtgesellschaftliche System sich weiter abzeichnet in der Bestimmung dessen, wofür, was und wie produziert werden soll – dies impliziert wiederum, welcher Art die gesellschaftlichen Produktionsverhältnisse sind und welche Rolle der Arbeiter darin spielt – sowie auch, für wen produziert werden soll.

Im kapitalistischen System werden die Produktionsfaktoren – Produktionsmittel auf der einen Seite und Arbeiter auf der anderen – in Funktion des Kapitals zusammengeführt. Ein Teil der Akkumulation, die aus dem »Mehrwert« resultiert – aus dem, was nicht an den Arbeiter gezahlt wird, der seine Arbeitskraft an den Kapitalisten verkauft –, wird für das Wohlbefinden des Kapitalisten verwendet, ein anderer Teil für den Kauf von weiterer Arbeitskraft und weiteren Produktionsmitteln, die gemeinsam mehr Waren herstellen – die allerdings verkäuflich sein müssen. Denn vom kapitalistischen Standpunkt aus interessiert nicht die Produktion eines Gebrauchswertes, sondern die eines Wertes, der Tauschwert besitzt, d. h. es muß eine verkäufliche Ware sein. Mehr noch, es interessiert nur die Produktion »einer Ware, deren Wert höher als die Wertsumme der zu ihrer Produktion erheischten Waren, der Produktionsmittel und der Arbeitskraft« ist*.

Was der Arbeiter als Lohn für seine in die Produktion gesteckte Arbeitskraft erhält, entspricht nur einem Minimum dieser Kraft und ist bestimmt für seinen Lebensunterhalt und seine Reproduktion als Lohnarbeiterklasse.

Da er des Produktes seiner Arbeitskraft enteignet wird, hat der Arbeiter keinerlei Einfluß darauf, was produziert werden soll. Und sobald eine bestimmte Menge des Produzierten nicht den realen Bedürf-

* Karl Marx, Das Kapital, Bd. I, Frankfurt und Berlin 1969, S. 156.

nissen der Menschen entspricht, müssen diese geschaffen werden. Deshalb geht eine Gesellschaft, die sich mit Blickrichtung auf den Sozialismus neu aufbaut, einen vollkommen falschen Weg, wenn sie sich von dem Mythos des Konsums faszinieren läßt. Wenn sie diese Richtung einschlägt, spielt es keine Rolle, daß sie keine kapitalistische Klasse mehr kennt. Ihr Ziel wird es dann trotzdem sein, Tauschwerte, d. h. verkäufliche Waren zu produzieren. Der Sozialismus ist nämlich etwas ganz anderes als ein »Kapitalismus ohne Kapitalisten«*.

»Kaufe, was du schon besitzt!« Mit diesen Worten könnte man die kapitalistische Konsumgesellschaft karikieren. In einer Gesellschaft, in der die Entfremdung des Bewußtseins immer größere Dimension annimmt, muß die Werbung eine wesentliche Rolle spielen. Wir brauchen keine Werbung, um uns zum Kauf von Bohnen, Brot und Reis zu entschließen, aber wir brauchen Werbung, um dieses oder jenes Parfum zu kaufen, und wir brauchen sie sogar, um zwischen zwei Tüten Reis zu wählen, die sich nur in der Verpackung unterscheiden.

Wenn sich die Produktion am Wohl der Allgemeinheit und nicht am Gewinn des privaten oder staatlichen Kapitalisten orientiert, gewinnt die Akkumulation, die für die Entwicklung unbedingt notwendig ist, eine vollkommen andere Bedeutung und dient einem völlig anderen Ziel. Das, was im Sozialismus dem Arbeiter nicht ausgezahlt wird, ist nun keine unrechtmäßige Aneignung, sondern des Arbeiters Beitrag zur Entwicklung der Gemeinschaft, und was mit diesem Beitrag produziert werden soll, ist keine Ware, die sich durch ihre Verkäuflichkeit definiert, sondern das gesellschaftlich Notwendige. Um dies zu erreichen, muß die Gesellschaft, die sich revolutionär neu gestaltet, die Dichotomie zwischen Kopfarbeit und Handarbeit überwinden und in ihrer Gesamtheit zu einer Gesellschaft von Arbeitern werden, deren Führung sich sowohl gegen jede Form von Spontaneismus als auch gegen eine bürokratische Verhärtung wehrt.

Je geringeres politisches Bewußtsein in Form von Klassenbewußtsein die Arbeiter in einer kapitalistischen Gesellschaft besitzen, um so besser ist dies vom Standpunkt der herrschenden Klasse. Für eine revolutionäre Gesellschaft auf dem Weg zum Sozialismus gilt das Gegenteil. Je mehr die Individuen sich politisch bewußt sind, daß sie an der Schaffung einer Gesellschaft partizipieren, die allmählich zu einer Arbeitergesellschaft wird, um so kritischer werden sie sich in der Produktion engagieren. Aus dieser Sicht ist ihr kritisches Bewußtsein ebenfalls ein Produktionsfaktor. Deshalb wird im Kapitalismus so viel von der

* Samir Amim, Éloges du Socialisme, Editions Antropos, Paris.

neutralen Erziehung gesprochen und deshalb hat die Ausbildung der Arbeiter nur die Vermittlung von Fertigkeiten zum Inhalt, die ebenfalls als neutral gelten. In einer kapitalistischen Gesellschaft zielt die Erziehung des Arbeiters nur auf seine Reproduktion als Lohnarbeiterklasse ab, die gezwungen ist, ihre Arbeitskraft an die Kapitalistenklasse zu verkaufen. Die Erziehung, die ihn als Klasse reproduziert, muß ihn so ausbilden, daß er für den Arbeitsprozeß immer leistungsfähiger wird*. Für den »Prozeß zwischen Dingen, die der Kapitalist gekauft hat, zwischen ihm gehörigen Dingen«, wie Marx sagt**. Dies sind auf der einen Seite die Arbeitskraft, auf der anderen die Produktionsmittel.

Je rentabler diese beiden in der Produktion von Tauschwerten, d. h. in der Produktion von verkäuflichen Waren kombiniert werden, um so besser. Eine Erziehung, die im Dienste dieser Rentabilität steht, kann natürlich nicht das Ziel verfolgen, deren entfremdenden Charakter aufzudecken. Was sie leisten muß, ist diesen Charakter zu verbergen und den Ausbildungsprozeß auf die Vermittlung von angeblich neutralen *Fertigkeiten* zu reduzieren.

Dies ist nur einer der wichtigen Aspekte der Beziehungen zwischen Erziehung und Produktion in der kapitalistischen Gesellschaft.

In der Gesellschaft, die sich auf dem Weg zum Sozialismus befindet und auf der allmählich entstehenden neuen materiellen Realität aufbaut, muß die Erziehung dagegen eminent entlarvend und kritisch sein.

Aus dieser Sicht ist es ebenso widersprüchlich, wenn eine solche Gesellschaft den genannten Weg zur Konsumgesellschaft oder zu bürokratischer Verhärtung einschlägt, wie wenn ein autoritäres präskriptives Erziehungssystem errichtet wird, das in diesem Fall ein Produkt der Bürokratie wäre. In einem derartigen Erziehungssystem könnten jene militanten Lehrer und Lernenden, so wie Samora Machel sie definiert, nicht existieren.

* Damit will ich aber nicht sagen, daß die Erziehung des Arbeiters in den kapitalistischen Gesellschaften sich daran orientiert, ein globales Verständnis des Produktionsprozesses zu ermöglichen, zumal ein solches Verständnis für die Leistungsfähigkeit des Arbeiters in dem kapitalistischen Sytem nicht erforderlich ist. Im Gegenteil, »je weiter die Wissenschaft in den Arbeitsprozeß einbezogen ist, um so weniger versteht der Arbeiter diesen Prozeß; je mehr die Maschine zu einem hochkomplizierten intellektuellen Produkt wird, um so weniger kontrolliert und begreift der Arbeiter sie. Mit anderen Worten, je mehr der Arbeiter verstehen können muß, um in der Arbeit Mensch zu bleiben, um so weniger versteht er.« Harry Brauermann, Labor and Monopoly Capital, The degradation of work in the twentieth century, Monthly Review Press, New York and London 1974, S. 425.

** Karl Marx, a.a.O., S. 156.

An dieser Stelle möchte ich nur scheinbar abschweifen und einige Worte zu den Versuchen der Erwachsenenalphabetisierung sagen, die in Brasilien vor dem Staatsstreich 1964 und in Chile unter den Regierungen der Christ-Demokraten und der Unidad Popular durchgeführt wurden. Vielleicht können wir damit einige zentrale Punkte dieses Briefes etwas erhellen.

Der brasilianische Versuch fand statt unter einem populistischen Regime, wobei ihm die Freiräume, die dieses Regime ließ, ebenso zugute kamen wie die starke Motivation der Bevölkerungsmassen in den Städten und in manchen Gegenden auch auf dem Lande, an der Alphabetisierung teilzunehmen. Dies waren vor allem die Gegenden, in denen die Landarbeiter Konfliktsituationen erlebten, weil sie eigenes Land und höhere Löhne forderten. Die Ligas Camponesas geben ein Beispiel von der vor allem im Nordosten Brasiliens herrschenden Unruhe unter den Landarbeitern und ihrem Mut, sich zu organisieren. Es muß dazu jedoch gesagt werden, daß keine Kampagne zur Erwachsenenalphabetisierung die Ligas Camponesas entstehen ließ, noch daß diese von Anfang an so kämpferisch waren, wie ich sie mehr oder weniger aus der Nähe kennenlernte, als ich auf nationaler Ebene die Kampagne zur Erwachsenenalphabetisierung koordinierte. Es war die Erfahrung der Landarbeiter, die sich zunächst zur Lösung von vitalen Problemen – u. a. ging es dabei auch um die Beerdigung ihrer Toten – zusammengeschlossen hatten, die sie zunehmend politisch werden ließ. Und es war zweifellos dieses zunehmend politische Vorgehen, das sie später für ihre Forderungen nach eigenem Land und höheren Löhnen kämpfen ließ, das schließlich der Alphabetisierung ihren Sinn gab. Die Alphabetisierung stellte sich als etwas für ihren Kampf Notwendiges dar, obwohl und gerade weil keinerlei Veränderung in den gesellschaftlichen Produktionsverhältnissen stattgefunden hatte. Unter diesen Umständen sahen viele in der Alphabetisierung ein weiteres Instrument, die Veränderung dieser Verhältnisse in Gang zu bringen.

Die beiden großen Landarbeiterstreiks im Jahre 1963 in Pernambuco – am ersten Streik beteiligten sich 83 000 und am zweiten bereits 230 000 Arbeiter – sind ein unbestreitbares Beispiel für dieses Phänomen.

Der Grundton der Alphabetisierungskampagne in Brasilien war also ausgesprochen politisch. Uns war daran gelegen, unter den historischen Bedingungen, unter denen wir lebten, eine möglichst enge Verbindung zwischen der Alphabetisierung und dem politischen Bewußtsein der Bevölkerungsmassen herzustellen. Von daher ist es zu verstehen, daß im Kontext des brasilianischen Versuchs die Beziehungen zwischen Erwachsenenalphabetisierung und Produktion ihren Ausdruck fanden in

der Kritik an der kapitalistischen Produktionsform, die für das ganze Land charakteristisch ist, jedoch besonders in den urbanen Ballungsgebieten vorherrscht, sowie in der kritischen Analyse der gesellschaftlichen Produktionsverhältnisse in den ländlichen Gebieten.
Aus einleuchtenden Gründen konnte es nicht unser Bestreben sein, die Verbindung zwischen Erwachsenenalphabetisierung und Produktion im Sinne einer technischen Ausbildung der Lernenden zu ziehen.
Deshalb setzte die brasilianische Kampagne Prioritäten, ohne dabei jedoch die nationale Ebene zu verlassen. Vor die Wahl gestellt, in einem Gebiet tätig zu werden, in dem das Volksbewußtsein »unter der Oberfläche« lag, oder in einem Gebiet, in dem die Rebellion des Volkes offen auftrat, gab es kein Zögern. Die Entscheidung mußte zugunsten des zweiten Gebietes fallen.
In Chile fand die Alphabetisierungskampagne in zwei verschiedenen Zeitabschnitten statt. Für den ersten bildete die reformistische bürgerliche Regierung der Christdemokraten den Rahmen, für den zweiten die Regierung der Unidad Popular, die eine sozialistische Gesellschaft schaffen wollte.
In beiden Fällen war die Alphabetisierung in Chile unter dem Aspekt der technischen Ausbildung der Lernenden mit der Produktion verbunden, allerdings unter zwangsläufig entgegengesetzten politischen Perspektiven.
Vielleicht könnte ich auf etwas oberflächliche Weise sagen, daß im Fall Brasilien die Motivation der Bevölkerungsmassen für die Alphabetisierung zum großen Teil mit dem Wunsch nach Veränderung zusammenhing, selbst wenn von dieser nur eine vage Vorstellung vorhanden war.
In Chile verband sich die Motivation im ersten Abschnitt unter der christdemokratischen Regierung mit der tiefergreifenden Fortführung bereits realisierter Reformen – wie etwa der Agrarreform –, die ihrerseits der Erwachsenenalphabetisierung den Charakter eines Bedürfnisses verliehen. Eines Bedürfnisses, das unter der Unidad Popular eine qualitative Veränderung erfährt und damit ausgeweitet und intensiviert wird.
Nicht selten nannten chilenische Landarbeiter im Gespräch mit mir oder in den Diskussionen in den Kulturzirkeln ganz konkrete Gründe, die sie bewogen hatten, an der Alphabetisierung teilzunehmen. Sie behaupteten immer wieder, daß sie vor der Agrarreform keinen Anlaß hatten, Lesen und Schreiben zu lernen, selbst wenn ein »verständnisvollerer Chef« es ihnen ermöglicht hätte, denn sie hätten nichts »mit der Schrift anfangen« können.

In Guinea Bissau sieht die Lage zwar anders aus, ist aber ebenfalls problematisch. Zweifellos war der Befreiungskampf als »kultureller Tatbestand und kulturelle Triebkraft« (Amilcar Cabral) die Hebamme des Volksbewußtseins. Nicht zufällig sagten die Genossen in dem Kulturzirkel, den Elza und ich besuchten, daß »der Kampf heute der gleiche ist wie gestern, nur mit einigen Unterschieden. Gestern wollten wir mit den Waffen in der Hand die Invasoren aus dem Land jagen; heute kämpfen wir wachsam mit den Waffen in der Hand um die Produktion für den Wiederaufbau unseres Landes.«

Ich erinnere mich auch, daß bei derselben Sitzung ein anderer Genosse sagte, daß der Kampf um die Produktion, für die alle arbeiten müssen, totale Uneigennützigkeit im Interesse der Allgemeinheit verlangt und daß dieses über den individuellen Interessen stehen muß.

Aber selbst wenn man davon ausgeht, daß das politische Bewußtsein der Bevölkerung des Landes aufgrund des Befreiungskampfes den gleichen Grad an Klarheit besitzt, wie ihn die obigen Zitate aufweisen, bleibt immer noch ein Problem, über das wir im Zusammenhang mit der Beziehung zwischen Erziehung und Produktion nachdenken müssen. Es ist ein fundamentales Problem, das nicht nur mit der Organisation des programmatischen Inhaltes der Alphabetisierung und Nach-Alphabetisierung zu tun hat – um nur diesen Bereich zu nennen –, sondern auch mit der Effizienz der Alphabetisierung an sich.

Ich meine damit die Frage, ob in den gesellschaftlichen Produktionsverhältnissen bereits Veränderungen stattgefunden haben oder gerade stattfinden und wenn ja, bis zu welchem Punkt. Veränderungen, die zwangsläufig dem Erlernen von Lesen und Schreiben und dem sich anschließenden vertieften und erweiterten Lernen eine neue Dimension geben werden.

Im Fall Brasilien hatte, wie ich bereits sagte, die Alphabetisierung in ländlichen Gebieten, wo keine solche Veränderungen stattgefunden hatten, nur für jene bäuerliche Bevölkerung einen Sinn, die sich in Konfliktsituationen befand und in der Alphabetisierung ein weiteres Instrument für ihren Kampf sah. Dies trifft aber nicht auf Guinea Bissau zu, dessen Volk in dem Befreiungskrieg etwas gehabt hat, was keine Alphabetisierungskampagne ihm jemals hätte bieten können.

Im heutigen Guinea Bissau muß die eminent politische Alphabetisierung und Nach-Alphabetisierung von Erwachsenen einen materiellen Bezugspunkt haben, der sich in der Veränderung befindet und der die Kampagne in den Augen der breiten Mehrheit als etwas Wichtiges und Bedeutsames erscheinen läßt. Mit anderen Worten: die große Mehrheit muß wirklich das Bedürfnis haben zu lesen und zu schreiben, was aber nicht zu erwarten ist, wenn der konkrete Kontext in traditioneller Form fortbesteht. Selbst in den ehemaligen »befreiten Gebieten«, in denen die Landbevölkerung direkt im Befreiungskampf engagiert war, indem sie mit ihrer Produktion die Versorgung der Soldaten sicherstellte und an den Erziehungsprogrammen der PAIGC teilnahm, besteht nach meiner Ansicht das gleiche Problem.

Denn es ist eine Sache, den Bezug zwischen Produktion und Erwachsenenalphabetisierung und Nach-Alphabetisierung in einem Gebiet herzustellen, in dem die gesellschaftlichen Produktionsverhältnisse beginnen, sich in Richtung auf eine sozialistische Produktionsform zu verändern und in dem sozialistische Kooperativen von der Basis her eingeführt werden, und es ist eine andere Sache, den Versuch einer solchen Verbindung zu machen, ohne daß diese materiellen Bedingungen existieren.

Im ersten Fall befriedigen die Alphabetisierung und Nach-Alphabetisierung ein reales Bedürfnis. Wird der Kontext modifiziert, erhalten sie immer stärkeren Antrieb, was für den Einzelnen zur Folge hat, daß zum einen in seiner Realitätswahrnehmung, wenn auch nicht automatisch, ein Wandel eintritt und zum anderen, daß der Horizont seiner Wißbegier sich erweitert.

So manches, was im traditionellen Kontext mangels Funktionalität sinnlos schien, wird auf diese Weise im sich verändernden Kontext zu einer Notwendigkeit. Und auf diese Weise reduziert sich die Spanne des regressiven Analphabetentums auf das normale Minimum.

Im zweiten Fall dagegen ist vom ersten Augenblick der Alphabetisierungskampagne die Möglichkeit des Mißerfolgs vorhanden und die Marge für regressives Analphabetentum ist enorm hoch.

Dies ist nicht einfach eine Meinung, sondern die Feststellung einer Tatsache, die sich in den verschiedensten Versuchen der Erwachsenenalphabetisierung, wo immer sie durchgeführt wurden, herausgestellt hat.

Aufgrund dieser Tatsache meinen wir, daß die Kampagne zur Erwachsenenalphabetisierung in Guinea Bissau, auch wenn es sich um eine nationale Kampagne handelt, in jenen Gebieten beginnen* sollte, in denen sich bereits ein Wandel vollzieht, und wenn möglich auch in jenen Gebieten, in denen nach den Plänen der Regierung und der Politik der Partei sich in Kürze bestimmte Veränderungen vollziehen werden. In diesem Fall könnte die Alphabetisierung sogar den Wandel stimulieren.

* Wenn ich »beginnen« sage, beziehe ich mich auf die Aktivitäten, die von der FARP im Anschluß an die Arbeit in ihren eigenen Reihen entwickelt werden sollen sowie auf das, was zur Zeit in bestimmten Sektoren in Bissau geschieht.

Hier wird noch einmal die Bedeutung der Interministeriellen Kommission deutlich, die der Genosse Mário Cabral einsetzen will und die in enger Zusammenarbeit mit der Regierung und der Partei die allgemeinen Richtlinien für die Alphabetisierungskampagne ausarbeiten soll.
Dadurch, daß die Kampagne dort beginnt, wo diese materiellen Bedingungen gegeben sind, wird nicht nur ihr nationaler Charakter in keiner Weise beeinträchtigt, sondern ihr Erfolg im Gegenteil sichergestellt.
Ohne das geplante gesamtgesellschaftliche System aus dem Blick zu verlieren, müssen die lokalen Gegebenheiten der Gebiete, in denen mit der Arbeit begonnen wird, bei der Abgrenzung des »was erkennen«, d. h. bei der Organisation des programmatischen Inhaltes der Alphabetisierung und ihrer Fortsetzung in der Nach-Alphabetisierung, immer deutlich im Vordergrund stehen. Die lokalen Gegebenheiten sind der Ausgangspunkt, von dem aus das Allgemeinere erreicht wird.
Die in jedem generativen Wort enthaltene Thematik muß also die Möglichkeit bieten, von der Analyse der lokalen Gegebenheit auszugehen, um anschließend auf die regionale, nationale, kontinentale und schließlich universelle Ebene überzugreifen.
Dies ist ein methodologisches Prinzip, das gleichermaßen für die Nach-Alphabetisierung gilt.
Um nur ein Beispiel zu geben, könnten wir das Wort Reis nehmen, dessen Bedeutung ja für Guinea Bissau unbestreitbar ist, und sehen, wie auf der Grundlage der mit diesem Wort verbundenen reichhaltigen Thematik ein großer Teil des programmatischen Inhaltes nicht nur für die Erwachsenenalphabetisierung, sondern auch für die Nach-Alphabetisierung, die Grundschule und sogar für den Sekundarbereich organisiert werden könnte.
Bei einem solchen Vorhaben müßte die damit befaßte Arbeitsgruppe natürlich die allgemeinen politischen Prinzipien der Partei und der Regierung berücksichtigen – das geplante gesamtgesellschaftliche System, das ja, wie bereits betont, Aufschluß gibt über das was, wie, zu welchem Zweck und zu wessen Gunsten erkannt werden soll sowie über das was, wie, zu welchem Zweck und für wen produziert werden soll.
Ich will jetzt nicht sämtliche Themenkreise aufführen, die mit dem Wort Reis assoziiert sind, noch sie in strenger Reihenfolge nennen, sondern hier nur auf einige Themen hinweisen, die zwangsläufig mit vielen anderen, hier nicht angesprochenen, zusammenhängen.
Die Thematik jeder einzelnen Lerneinheit, die ich hier aufführe – und zwar wirklich nur als Beispiele –, würde sicherlich in anderer und sehr

viel vollständigerer Form angeordnet, wenn sie von einer interdisziplinären und vorwiegend aus Guineern bestehenden Arbeitsgruppe zusammengestellt wird. Und sie würde andererseits um Nuancen bereichert, die wir nicht kennen, wenn sie den Lernenden zur Diskussion gestellt wird, die damit ihren Beitrag zur Organisation der programmatischen Inhalte ihrer eigenen Erziehung leisten werden.
Als Einführung zu den verschiedenen miteinander zusammenhängenden Programmeinheiten über den Reis könnte man die Beziehungen zwischen dem Menschen und der Natur analysieren, wobei immer die konkrete Realität der Lernenden und ihre Praxis in dieser Realität den Bezugspunkt bilden müssen.
In einer solchen Analyse werden eine ganze Reihe von wichtigen Punkten geklärt, von denen ich nur einige nennen werde. Die Arbeit ist ein solcher Punkt. Die Analyse der Arbeit, ausgehend vom Verständnis der konkreten Arbeit, die die Lernenden leisten, und nicht von der abstrakten Idee Arbeit.
Die Diskussion über die Arbeit, die »zunächst ein Prozeß (ist) zwischen Mensch und Natur, ein Prozeß, worin er seinen Stoffwechsel mit der Natur durch seine eigene Tat vermittelt, regelt und kontrolliert«*, eröffnet ihrerseits die Möglichkeit eines Gespräches über die Kultur, die für sich allein eine der wichtigsten Studieneinheiten bildet.
Kultur und nationale Identität. Die negativen und die positiven Seiten der Kultur. Die Notwendigkeit, diese »Schwächen« der Kultur, wie Cabral sie nannte, zu überwinden. Die Kultur und die Reisproduktion. Kultur und Gesundheit. Die Kultur und das Essen. Die Keramik. Die Holzskulptur. Der Tanz. Die kulturelle Invasion. Die kulturelle Verfremdung.
Andererseits bietet die Analyse der Arbeit auch die Möglichkeit, den Arbeitsprozeß, die gesellschaftliche Organisation der Arbeit zu untersuchen. Die verschiedenen Produktionsformen: die vorkapitalistische, die kapitalistische und die sozialistische.
Dies alles natürlich in einfacher Form, weder simplifizierend, noch übertrieben spitzfindig.
An dieser Stelle möchte ich einige Dinge hervorheben. Erstens bedeutet die Tatsache, daß dies die einführende Thematik ist, auf keinen Fall, daß sie nicht auch in die Diskussion der folgenden Einheiten einbezogen würde. Zweitens, daß bei der Diskussion über diese Thematik, für die die verschiedenartigsten audio-visuellen Materialien vorbereitet werden müssen, keinerlei Konzession an große Wortschwälle gemacht werden dürfen.

* Karl Marx, a.a.O., S. 148.

Schließlich scheint es mir wichtig zu betonen, daß die nicht immer explizite Meinung, derzufolge eine solche Thematik »viel zu theoretisch ist und deshalb weder die Arbeiter in der Stadt und auf dem Land interessiert, noch von ihnen begriffen werden kann«, nicht nur ein falsches Theorieverständnis verrät, sondern auch ausgesprochen elitär ist. Amilcar Cabral hat in reinen Ausbildungsseminaren für Militante Themen von höchster praktisch-theoretischer Relevanz in wirklich konkreter und objektiver Weise analysiert. Nicht ein einziges Mal hat er das Begriffsvermögen seiner bäuerlichen Genossen als zu gering eingeschätzt. Denn Amilcars Worte, daß der kleinbürgerliche Intellektuelle den Mut haben muß, als solcher Selbstmord zu begehen, um als revolutionärer Arbeiter wiederaufzuerstehen und damit einen realen Beitrag zum Befreiungskampf leisten zu können, waren für ihn keine leere Phrase, kein rhetorisches Wortspiel.

Amilcar Cabral sprach von dem, was er tat. Deshalb hätte er niemals behauptet, er allein wäre im Besitz der Wahrheit und des revolutionären Wissens, das er allerhöchstens in einer Laune von Uneigennützigkeit seinen bäuerlichen Genossen zum Geschenk machen müßte. Im Gegenteil, als wirklich echter Revolutionär war Cabral immer Lehrer und Schüler seines Volkes und hat deshalb stetig weiter von seinem Volk gelernt.

Seine Analysen über die »gesellschaftliche Rolle der Bauernschaft«, über »Einheit und Kampf«, über die »Realität«, um nur diese zu nennen, sind Beispiele für das eben Gesagte.

Meine Praxis begann vor ziemlich langer Zeit in Recife, und zwar nicht direkt in der Alphabetisierung, sondern in der Nach-Alphabetisierung, wobei es scheinbar paradoxerweise keine Rolle spielte, ob die Teilnehmer der Kulturzirkel Analphabeten waren oder nicht. Damals wurden einige der hier aufgeführten Themen sogar von den Teilnehmern selbst vorgeschlagen.

Erst im Verlauf meiner Arbeit begriff ich, warum ich anfangs so erstaunt war, wie kritisch sich Arbeiter, die niemals zur Schule gegangen waren, in der Analyse von Themen äußerten, mit denen sich zu beschäftigen ich bis dahin für das ausschließliche Recht von Akademikern gehalten hatte. Meine Überraschung hatte ihren Ursprung in meinem Klassenstandpunkt, der noch durch mein Studium oder besser gesagt, durch mein elitäres akademisches Training verschärft worden war.

Ausgehend von den Ergebnissen dieser ersten Arbeiten widmete ich mich dann der Erwachsenenalphabetisierung, wobei ich nicht zögerte, eine Einheit über das kritische Kulturverständnis als Einführung in das Lesen- und Schreibenlernen vorzuschlagen.

Wenden wir uns jetzt aber einigen der vielen möglichen Themenkreise zum Wort Reis zu.

Produktion des Reis:
Die Reisproduktion in Guinea Bissau, wobei man von der Analyse der Produktion in dem Gebiet ausgeht, in dem die Alphabetisierung oder Nach-Alphabetisierung gerade stattfindet. Die gesellschaftlichen Produktionsverhältnisse. Landwirtschaftliche Saat- und Erntetechniken – in feuchtem oder trockenem Gelände. Vorbereitung des Bodens für den Anbau. Traditionelle Techniken; moderne Techniken. Probleme des Pflanzenschutzes.
Das kulturelle Weltbild der verschiedenen ethnischen Gruppen, ihre Arbeitsgeräte und ihre Techniken.
Vergleichende Analyse zwischen dem Anbau von Reis und dem für den Wiederaufbau des Landes notwendigen Anbau von anderen Produkten: Erdnüsse, Mais, süße Kartoffeln, Maniok, Cashewnüsse.
Landwirtschaft und Industrie.
Produktion und Distribution der landwirtschaftlichen Produkte.
Anbaufläche und Produktion pro Hektar. Notwendige Maßnahmen zur Erweiterung der Anbaufläche und Ertragssteigerung pro Hektar.
Die Bedeutung des Reis in der Gesamtwirtschaft des Landes.
Die Distribution des Reis im Inland und der Verkauf ins Ausland.
Die Mechanismen des Außenhandels. Devisen und Wiederaufbau des Landes.
Verteidigung der nationalen Interessen.
Produktionskooperativen etc.

Geographie:
Die Geographie des Reis in Guinea Bissau, wobei auch hier wie bei allen anderen Themenkreisen von dem Gebiet ausgegangen wird, in dem die Alphabetisierung oder Nach-Alphabetisierung stattfindet.
Die internationale Geographie des Reis.
Politik:
Die Politik der Partei und der Regierung im Hinblick auf den Reis und auf die allgemeine Produktion des Landes. Verteidigung der nationalen Interessen etc.
Geschichte:
Der Reis in Guinea Bissau. Der Reis in anderen Gebieten der Welt.
Gesundheit,
Reis, Ernährung und Gesundheit. Gesundheit und Arbeit. Gesundheit und Erziehung. Gesundheit, Arbeit, Erziehung und Wiederaufbau des Landes.

Bevor ich diesen Brief beende, möchte ich einige zusätzliche Bemerkungen über bestimmte Aspekte der Dynamik eines solchen oder ähnlichen Schemas machen, von dem ich wohl weiß, daß seine Durchführung eine ganze Reihe von Problemen und Schwierigkeiten aufwirft.

Als ersten Aspekt möchte ich betonen, daß es die Möglichkeit gibt, bei der Beschäftigung mit der Geographie des Reis die Geographie des Landes einzubeziehen; bei der Beschäftigung mit der Geschichte des Reis die Geschichte des Landes zu besprechen, die Geschichte der ersten Widerstände gegen die Invasoren; die Geschichte des Befreiungskampfes; die Geschichte, die heute gemacht wird, die Geschichte des Wiederaufbaus des Landes zur Schaffung einer neuen Gesellschaft.

Und wenn schließlich aus den verschiedensten Blickwinkeln, die wiederum alle miteinander verbunden sind, über Guinea Bissau gesprochen wird, besteht die Möglichkeit, das Land zum afrikanischen Kontinent und diesen zur gesamten Welt in Beziehung zu setzen.

Ein weiterer wichtiger Aspekt ist der, daß die Teilnehmer der Kulturzirkel vom ersten Gespräch an, wenn das Vor-Programm als Arbeitsplan vorgestellt wird, eine aktive Rolle spielen müssen; daß die Teilnehmer, wenn das Programm angenommen ist, sich einzeln oder in Gruppen aktiv am Sammeln von bestimmten lokalen Daten beteiligen, die sich auf bestimmte Programmpunkte beziehen. Zum Beispiel über den Reisanbau (im betreffenden Gebiet), über die Art und Weise, wie dieser Anbau geschieht, über die kultivierbare und angebaute Fläche (mit Angabe der Hektarzahl), über die Schwierigkeiten, denen die Bauern bei ihrer täglichen Arbeit begegnen, über die Einwohnerzahl des Dorfes, über die Distribution, das Verkehrssystem, über die Arbeitsgeräte, die Gesundheit, die Erziehung etc. Dies ist eine Forschungstätigkeit, die einen hohen Bildungseffekt besitzt und deren Ergebnisse die Kenntnisse der Lehrenden erweitert oder ihnen erst diese Kenntnisse liefert. Mehr noch, deren Ergebnisse für die Partei und die Regierung, denen sie mitgeteilt werden sollten, von unschätzbarem Wert sind.

In Chile wurden Projekte durchgeführt, in denen die Bauern eine sozio-kulturelle Diagnose ihrer Gemeinde erstellten und sogar für die Auflistung der gesammelten Daten verantwortlich waren.

Das Schema, das ich hier am Beispiel Reis aufgezeichnet habe, könnte sich ebenso gut auf das Wort Mais, Erdnuß oder ein anderes Wort beziehen.

Während der Alphabetisierung ist die Analyse dieser Thematik ebenso wie der Themenkreise zu anderen generativen Wörtern, die sich immer auf konkrete Probleme auf lokaler, regionaler oder nationaler Ebene beziehen, zwangsläufig nur eine Einführung. Die Vertiefung erfolgt erst in der Nach-Alphabetisierung. Denn diese ist ja, wie bereits zu Beginn des Briefes gesagt, die vertiefte und diversifizierte Fortsetzung des gleichen Erkenntnisaktes, der in der Alphabetisierung beginnt.

Es sei noch einmal betont, daß die Umsetzung in die Praxis eines solchen oder ähnlichen Projektes Probleme aufwirft; das gilt sowohl für die Organisation, die möglichst dezentralisiert sein sollte, wie auch für die Ausbildung der Lehrer und die Vorbereitung des notwendigen didaktischen Materials.

Denn wenn wir auch nur ein Minimum an Effizienz erreichen wollen, wenn wir den Bezug zwischen Alphabetisierung und Nach-Alphabetisierung auf der einen Seite und Produktion auf der anderen herstellen, müssen wir damit rechnen, einer großen Zahl von Herausforderungen der verschiedensten Art zu begegnen, die nicht immer leicht zu bewältigen sein werden. Die Ausbildung der militanten Lehrer ist eine solche Herausforderung. Die Ausbildung von Lehrenden, die im Dialog stehen werden mit Lernenden, geprägt durch eben jene Realität, die sie gemeinsam erkennen und verändern sollen.

Als Ganzes gesehen umfassen die Beziehungen zwischen Erziehung (Alphabetisierung und Nach-Alphabetisierung) und Produktion zwei Ebenen, die miteinander verknüpft sind. Einmal das Verstehen des eigentlichen Produktionsprozesses – was produziert wird, wie, wofür und für wen produziert wird – und als zweite Ebene die Einführung neuer Arbeitstechniken, die ihrerseits neue Geräte und ihren Gebrauch implizieren.

Wenn wir nur diese beiden Punkte betrachten, die allein natürlich bei weitem nicht die gesamte Ausbildung der militanten Lehrer ausmachen, begreifen wir, wie ernst und komplex die uns allen gestellte Aufgabe ist. Wenn wir sie zu lösen versuchen, ist das Wichtige, daß wir uns ihres Ernstes und ihrer Komplexität bewußt sind und dennoch vermeiden, der Versuchung des Perfektionismus zu erliegen.

So wollen wir heute das Beste tun mit dem Wenigen, das uns zur Verfügung steht. Nur so wird es uns möglich sein, morgen das zu tun, was heute nicht getan werden kann.

Mit brüderlichem Gruß,
Paulo Freire

Ingenieur Mário Cabral
Ministerium für Erziehung und Kultur
Bissau

Genf, den 3. Februar 1976

Lieber Genosse Mário,

inzwischen müßten Sie den Brief erhalten haben, den Miguel Ihnen über die Vorbereitung unseres nächsten Besuches geschrieben hat.
Ich freue mich, Ihnen die Kopie eines weiteren Briefes senden zu können, den ich über die Genossin Monica an die Arbeitsgruppe gerichtet habe und mit dem ich auf einen Brief von Monica antworte, in dem sie uns über eine ganze Reihe von wirklich bedeutenden Aktivitäten unterrichtet, die in der Alphabetisierung und Nach-Alphabetisierung innerhalb der FARP stattfinden.
Über Monica haben wir erfahren, daß die Nationale Kommission eingesetzt worden ist; ich halte es für sehr wichtig, daß wir bei unserem nächsten Aufenthalt in Guinea Bissau mit der Kommission zusammentreffen.
Es scheint mir unbedingt notwendig, mit der Kommission zumindest über einige Aspekte der allgemeinen Problematik der Alphabetisierung und Nach-Alphabetisierung und ihrer notwendigen Verknüpfungen mit dem Erziehungssystem des Landes zu sprechen, sowie über die Beziehungen dieses Systems zu dem geplanten gesamtgesellschaftlichen System. Über diese Aspekte habe ich mich in meinem letzten Brief an die Arbeitsgruppe geäußert, von dem ich Ihnen ebenfalls eine Kopie geschickt habe.
Ich kann es kaum erwarten, wieder bei Ihnen zu sein.

Mit brüderlichem Gruß,
Paulo Freire

Teresa Monica

Genf, den 3. Februar 1976

Liebe Genossin Teresa Monica,

gerade habe ich Ihren Brief erhalten, auf den ich schnell antworten will, auch wenn unser nächster Besuch in Guinea Bissau kurz bevorsteht. Ich hoffe, daß wir die Punkte, auf die Sie sich beziehen, bei unserem nächsten Besuch vielleicht etwas gründlicher in der Gruppe besprechen können.

Heute will ich mich nur kurz – sozusagen als erste Reaktion – zu den zentralen Aspekten Ihres Briefes äußern.

Der erste Punkt betrifft die Nach-Alphabetisierung. In meinem letzten Brief hatte ich mich darüber ausgelassen und vor allen Dingen hervorzuheben versucht, daß die Nach-Alphabetisierung die vertiefte und diversifizierte Fortsetzung des gleichen Erkenntnisaktes ist, der mit der Alphabetisierung beginnt.

Nach all dem, was ich Ihrem Brief entnehmen konnte, verwirklichen Sie wichtige Dinge in der Nach-Alphabetisierung, auch wenn es Ihnen in lobenswerter kritischer Haltung scheint, daß nicht alles, was Sie tun, voll und ganz überzeugend ist.

Der Gedanke, in Ausbildungsseminaren für die Nach-Alphabetisierung die »Koordinatoren« ein Grundlehrbuch benutzen zu lassen, dessen verschiedene Texte durch Gedanken und Analysen aus dem Bereich der Sprache und wissenschaftlichen Einführung ergänzt werden sollen – »auf einem Niveau, das für die Mehrzahl der Lernenden«, die bereits den ersten Abschnitt ihres Lernprozesses hinter sich haben, »ohne jedes Problem zugänglich ist« –, dies scheint mir ein wirklich guter Gedanke zu sein.

Allerdings möchte ich hierzu zwei Anmerkungen machen, wobei ich großen Wert auf die Feststellung lege, daß die erste Anmerkung keinerlei Kritik an Ihrem Plan beinhaltet. Ich äußere sie so, als ob ich einfach nur laut denke. Und die zweite Anmerkung ist eine Frage, die in einen Vorschlag mündet.

Wenn Sie im Zusammenhang mit dem Buch für die Koordinatoren sagen: »Zu jedem Text (des Buches) einen grammatikalischen und wissenschaftlichen Inhalt auf dem Niveau des 4. Schuljahres durcharbeiten«, habe ich die Befürchtung, daß die Arbeitsgruppe sich von dem Begriff der traditionellen Grundschule leiten läßt, wonach diese die notwendige Vorbereitung für die Sekundarstufe ist, die ihrerseits als Vorbereitung für die zur Zeit in Guinea Bissau nicht vorhandene Hochschule gilt.

Es ist durchaus möglich, daß meine Anmerkung nichts mit der Intention der Arbeitsgruppe zu tun hat, aber es scheint mir doch wichtig, diesen Punkt anzusprechen. Hier sehen wir wieder einmal, wie wenig es möglich ist, die Alphabetisierung und Nach-Alphabetisierung losgelöst von dem gesamten Erziehungssystem zu sehen, und wie dringend und notwendig es ist, dieses System durch konkrete realistische Maßnahmen neu zu gestalten. An anderer Stelle Ihres Briefes beziehen Sie sich auf dieses Verhältnis zwischen Alphabetisierung, Nach-Alphabetisierung und allgemeinem Erziehungssystem, und zwar im Zusammenhang mit dem Unterricht in Portugiesisch und Kreolisch.

Um meine Befürchtung etwas zu verdeutlichen, muß ich auf meinen letzten Brief zurückgreifen und sagen, daß wir von Anfang an jede Art von formaler oder, was noch schlimmer wäre, legaler Äquivalenz zwischen dem programmatischen Inhalt der Alphabetisierung und Nach-Alphabetisierung und den verschiedenen Stufen der traditionellen Schule vermeiden müssen. Und je früher diese Schule durch ein neues, dem projizierten System der neuen Gesellschaft entsprechendes Modell ersetzt wird, um so besser*.

Denn das Wichtige ist doch, daß der Lernende sich in einen Lernprozeß hineinbegibt, der sich in Funktion seiner produktiven Arbeit vertieft und diversifiziert, ohne daß er den Mythos einer Sekundarstufe vor sich hat, die ihn »weiterführt« und die er nur erreicht, wenn er in der Alphabetisierungs- und Nach-Alphabetisierungsphase die curricularen Anforderungen der Grundschule erfüllt. Deshalb ist es von fundamentaler Bedeutung, daß das neue Erziehungssystem, ausgehend von der gesellschaftlichen Realität des Landes, nicht pyramidenförmig aufgebaut ist – nicht ein Ganzes ist, das sich aus Einzelteilen zusammensetzt, deren Zweck oder Sinn in der Auslese der Schüler liegt, um sie auf die nächsthöhere Stufe vorzubereiten.

Die sogenannte Grundschulerziehung als »Provinz« des gesamten Erziehungssystems ist, auch wenn Beziehungen zu den übrigen Bereichen bestehen bleiben, danach jedoch nicht als »Straße« konzipiert, die zu einem höheren Punkt führt. In seiner ausgezeichneten Arbeit »Education for Self-Reliance« sagt der Präsident Nyerere zum Erziehungs-

* Dies bedeutet auf keinen Fall, daß später, wenn das neue Erziehungssystem allmählich Gestalt annimmt, die Nach-Alphabetisierung und die Ebenen der Grundschulausbildung nicht einander entsprechen.

system, das im Dienste des tansanischen Sozialismus stehen soll: »... die Erziehung in unseren Grundschulen muß eine in sich abgeschlossene Erziehung sein. Sie darf nicht weiterhin nur auf die Sekundarschule vorbereiten. Die Arbeit der Grundschule darf sich nicht an dem Examen orientieren, das die wenigen ausliest, die eine weiterführende Schule besuchen, sondern sie muß die Vorbereitung für das Leben sein, das die Mehrzahl der Kinder führen wird.«*

Es scheint mir wichtig, in einer kurzen Anmerkung klarzustellen, daß für Nyerere »preparation for life« keineswegs jene Bedeutung besitzt, derzufolge die Schule als außerhalb des Lebens stehende Institution ein Zentrum zur Vorbereitung auf das Leben ist, eine Art Ausklammerung aus dem Leben, in der wir die Fähigkeit erlernen, anschließend in das Leben hinauszutreten. Dieser Konzeption hat Dewey eine klare Kritik entgegengesetzt und die Ansicht vertreten, daß die Schule selbst das Leben sein müsse und nicht eine Vorbereitung darauf.

Für Nyerere vollzieht sich die Vorbereitung auf das Leben in dem kritischen Begreifen des Lebens, das man lebt, nur so ist es möglich, neue Lebensformen zu entwickeln. Aus diesem Grund ist sein politisch-pädagogisches Denken erfüllt von dem Realen, dem Konkreten, und in den Mittelpunkt der diese Realität verändernden Arbeit setzt er das erzieherische Handeln.

Ich weiß nicht, ob ich mich in dieser Anmerkung klar genug ausgedrückt habe; ich betone noch einmal, daß sie keinerlei negative Kritik an dem von Ihnen erwähnten Buch beinhaltet.

Meine zweite Anmerkung gilt einem anderen Punkt in Ihrem Brief – der Stelle, wo Sie von »Unmengen von schriftlichen Arbeiten, wahren Geschichtswerken, angefertigt von den Schülern« sprechen, von denen Sie »nicht wissen, wie man sie am besten verwendet«.

Hier verweise ich auf einen von uns bereits diskutierten Aspekt und frage, ob das geplante Buch für die Koordinatoren nicht eine ausgezeichnete Möglichkeit bieten könnte, zumindest einige der von den Lernenden verfaßten Texte sinnvoll zu verwerten. Sollten Sie Texte in das Buch aufnehmen, wäre es die Aufgabe der Arbeitsgruppe, ein paar Überlegungen in einfacher Sprache über diesen oder jenen Aspekt des betreffenden Textes hinzuzufügen.

Lassen wir jetzt aber einmal das geplante Buch für die Koordinatoren beiseite und konzentrieren uns auf die von den Lernenden geschriebenen Texte: warum kann man nicht zum Beispiel die Dynamik nutzen (von der Sie an anderer Stelle Ihres Briefes sprechen), die sich nicht nur

* Julius Nyerere, Essays on Socialism, Oxford University Press, 1968, Reprinted 1970, S. 61.

innerhalb eines jeden Zirkels entwickelt, sondern auch durch Briefwechsel zwischen den Teilnehmern verschiedener Zirkel, und auch die Texte austauschen? Die Lektüre und Diskussion dieser Texte könnte bewirken, daß als Antwort auf die darin enthaltenen Fragen neue Texte verfaßt würden.

Aber noch ehe man ein ganzes Buch mit diesen Arbeiten für die verschiedensten Verwendungszwecke herausgibt, könnte man ja auch daran denken, diese Texte regelmäßig in »NO PINTCHA« zu veröffentlichen oder sie für eine Rundfunksendung verwenden, die zu diesem Zweck eingerichtet werden müßte.

Bei jeder dieser verschiedenen Verwendungsmöglichkeiten wäre es sinnvoll, die schöpferische Kraft des Volkes nachdrücklich zu betonen, denn für den Wiederaufbau des Landes ist sie unentbehrlich.

Für das, was man als Versuche zur Nach-Alphabetisierung betrachten könnte – in meinem letzten Brief habe ich darauf besonderen Wert gelegt –, geben Sie sehr interessante Beispiele.

Die Lektüre und Diskussion über Themen aus der Bissauer Zeitung »NO PINTCHA«, schriftliche oder mündliche Arbeiten über wichtige Daten des Landes und Ereignisse aus dem Kampf, die die Teilnehmer des Kulturzirkels aus ihrer eigenen Erfahrung als Kämpfende kennen, sind einige dieser Beispiele. Dem würde ich noch die Diskussion über das Thema *Fabrik* hinzufügen, wie ich sie über das Thema *Reis* vorgeschlagen habe und wozu Sie sagen, daß »viel Wahres in dem liegt, was die Aussagen der Zirkelteilnehmer betrifft«.

Die kritische Reflexion über Ihre tägliche Arbeit mit den Lernenden und den Koordinatoren wird Ihnen, besser als alles andere, die Wege eröffnen, »gewisse Lücken« zu füllen, die Sie in dem derzeitigen Stand der Arbeit konstatieren. Diese kritische Reflexion über die derzeitige Arbeit ist absolut unerläßlich und darf auf keinen Fall mit einem entfremdeten und entfremdenden leeren Gerede verwechselt werden. Als Quelle des Wissens ist die Praxis jedoch nicht ihre eigene Theorie. Indem man sich permanent kritisch mit der Praxis auseinandersetzt, ermöglicht die Praxis die Theorie, die ihrerseits wieder der neuen Praxis den Weg weist.

Deshalb beharre ich so sehr darauf, daß meine Briefe keinerlei Vorschriftscharakter haben. Sie sind die Aufforderung an Sie und an mich, uns um Reflexion über die Arbeit an einem laufenden Projekt zu bemühen, das nicht zwangsläufig eine Wiederholung in allen Aspekten der Projekte sein muß, an denen ich früher teilgenommen habe.

Das für Sie fundamentale Problem – eine der von Ihnen erwähnten Lücken – in der Nach-Alphabetisierung ist die Frage, wie vor allem die verschiedenen Aspekte des Wiederaufbaus des Landes in die Nach-Alphabetisierung zu integrieren sind. Der eigentliche Kern dieses Problems liegt darin, daß der Wiederaufbau nicht auf ein bloßes Objekt unserer Wißbegier reduziert werden kann. Wir können dabei nicht so vorgehen, als versuchten wir etwa, einen Pflug in seinen verschiedenen Bestandteilen, seiner Mechanik und seiner Funktion zu begreifen. Der nationale Wiederaufbau verlangt eine Vielfalt an Kenntnissen auf verschiedenen Ebenen und Gebieten, die miteinander verknüpft sind und in direkter Beziehung zu dem geplanten gesamtgesellschaftlichen System stehen. Man kann vom Wiederaufbau nicht wie von einem Ereignis sprechen; man lernt ihn erst kennen und begreifen, indem man an ihm arbeitet. Deshalb muß das allgemeine Erziehungssystem zur produktiven Arbeit in Beziehung gesetzt werden, denn sie ist die Quelle für die Vielfalt an Kenntnissen, die für die Dynamik notwendig sind, mit der am Wiederaufbau gearbeitet werden muß.

In dem Brief, den Miguel gerade an den Genossen Mário Cabral über die Vorbereitung unseres nächsten Besuches geschrieben hat, schlagen wir ein möglichst ausführliches Gespräch über diesen Punkt vor.

Als weiteren Punkt, der bei unserem nächsten Besuch dringend aufgenommen werden muß, nennen Sie in Ihrem Brief das Problem, in welcher Sprache der Alphabetisierungsunterricht abgehalten werden soll.

Tatsächlich vollzieht sich der Befreiungsprozeß eines Volkes nicht voll und ganz, wenn dieses Volk nicht auch sein eigenes Wort zurückerobert, das Recht, dieses Wort zu sagen, die Welt zu »beurteilen« und zu »benennen«. Das Recht, sein eigenes Wort zu sagen, indem es ein Mitspracherecht bei der Veränderung und Neuschaffung seiner Gesellschaft hat; sein eigenes Wort zu sagen, indem es mit sich selbst auch seine Sprache von der Unterdrückung durch die Sprache der Kolonialmacht befreit.

Dem Kolonialvolk die Sprache der Kolonialmacht aufzuzwingen, ist eine Grundvoraussetzung für die Kolonialherrschaft, die sich in der Neo-Kolonialherrschaft fortsetzt. Es ist kein Zufall, daß die Kolonialisten ihre eigene Sprache als Sprache bezeichnen, die Sprache des Kolonialvolkes aber als Dialekt; daß sie von der Überlegenheit und dem Reichtum ihrer Sprache sprechen, denen die »Armut« und »Unterlegenheit« der Sprache des Kolonialvolkes gegenüberstehen.

Nur die Kolonialmächte »besitzen« eine Geschichte, denn die Geschichte der Kolonialvölker »beginnt« ja erst in dem Augenblick, von dem an jene »zivilisatorisch« auf sie einwirken. Nur die Kolonialmächte »besitzen« Kultur, Kunst und Sprache und sind zivilisierte Staatsbürger

der »Rettung bringenden« Welt. Die Kolonialvölker haben keine Geschichte, bevor die Kolonialmächte sich nicht um sie »verdient« gemacht haben. Sie sind ungebildete »eingeborene Barbaren«.
Ohne das Recht der Selbstbestimmung werden sie von den Kolonialherrschern »geprägt*«. Und eben deshalb können sie weder sich selbst noch die Welt, die ihnen gestohlen wurde, »benennen«.
In einer seiner Schriften über die Rolle der Kultur im Befreiungskampf analysiert Amilcar Cabral auch das Problem der Sprache, und zwar dort, wo er von der Assimilierung – Entafrikanisierung – der urbanen Minderheiten spricht, die direkt unter der Kolonialmacht und in ihrem engen Einflußbereich leben und die Kultur und die Sprache der Herrschenden annehmen, im Gegensatz zu der großen Mehrheit auf dem Lande, die sich der schlimmsten Zerstörungskraft der Kolonialmacht entziehen und die Grundzüge ihrer Kultur bewahren kann.
In gewissem Sinne nehmen diese urbanen Minderheiten bei ihrer »Entafrikanisierung« einen seltsamen »Bikulturalismus«** an, wobei dies in Wahrheit nur Ausdruck ihrer kulturellen Entfremdung ist, der noch nicht einmal immer Bilinguismus entspricht. Diese urbanen Minderheiten sind um so entfremdeter, je mehr sie sich bemühen, ihren Ursprung zu leugnen und ihre eigene, von der Kolonialmacht als Dialekt, als arm und minderwertig bezeichnete Sprache zu vergessen oder sie gar nicht erst zu lernen. Durch den Versuch, die Kultur der Herrschenden zu kopieren, negieren sie sich selbst, indem sie ihre eigene Kultur negieren, die sie als Minderwertige kennzeichnet. Aus diesem Grunde hat Amilcar Cabral so nachdrücklich von der Notwendigkeit der »Re-Afrikanisierung« jener Intellektuellen gesprochen, die sich wirklich der Sache der Befreiung verschreiben wollten.
Der Landbevölkerung gelingt es, diesem seltsamen »Bikulturalismus« gegenüber immun zu bleiben. Wohlbehütet in ihrem kulturellen Reichtum, zu dem auch das gehörte, was Amilcar Cabral die »Schwächen« der Kultur nannte, bewahrten sie ihre eigene Sprache. Die Sprache, in der sie sich nicht nur mitteilten, sondern sich auch gegen die verfremdende koloniale Aggression wehrten.
Eine Gesellschaft, die – wie Guinea Bissau – den Zustand kolonialer Abhängigkeit überwindet und sich revolutionär neu zu gestalten versucht, kommt nicht umhin, ihr Sprachenproblem zu lösen. Das Problem hat sich dieser Gesellschaft bereits im Befreiungskampf gestellt.
Sollte Kreolisch, dessen Verhältnis zum Portugiesischen dem des Portu-

* Siehe hierzu Albert Memmi, a.a.O.

** S. Louis-Jean Calvet, Linguistique et Colonialisme, Petit traité de glottophagie, Payot, Paris 1974.

giesischen zum Latein ähnelt, zur Staatssprache erklärt werden, müssen dringend entsprechende Schritte unternommen werden, um »Regeln« für die Schriftsprache aufzustellen, denn als gesprochene Sprache besitzt es bereits seine eigene Struktur.

Daß das Kreolische für die Einheit der Nation mit Beginn der harten Zeit der Kämpfe eine bedeutende Rolle gespielt hat – Sie betonen dies auch in Ihrem Brief –, ist wohl kaum umstritten. Aus eben diesem Grunde würde ich nicht zögern, die Aufstellung von »Regeln« für die Schriftsprache, für die natürlich kompetente Linguisten herangezogen werden müßten, zu den vorrangigsten Aufgaben im Wiederaufbau des Landes zu zählen.

Ich teile also Ihre Zweifel, die für mich vor allem das Resultat Ihrer praktischen Arbeit sind.

Mit brüderlichem Gruß,
Paulo Freire

Ingenieur Mário Cabral
Ministerium für Erziehung und Kultur
Bissau

Genf, April 1976

Lieber Genosse Mário Cabral,

ich sende Ihnen mehrere Durchschriften eines Briefes, den ich soeben an die Alphabetisierungskommission geschrieben habe. Eine dieser Durchschriften ist für Sie bestimmt, die anderen können Sie an Genossen weiterleiten, die Ihrer Meinung nach an dem Inhalt interessiert sein könnten.

Wann immer ich an die Genossen schreibe – unabhängig davon, wie lang der Brief ist –, geschieht dies in der grundsätzlichen Intention, sowohl bei mir als auch bei den Genossen eine kritische Reflexion über die konkreten Probleme auszulösen, denen wir alle bei dem faszinierenden Versuch gegenüberstehen, den Wiederaufbau des Landes zu bewältigen.

Wenn ich gelegentlich von Erziehungsprojekten spreche, die Elza und ich früher mit der gleichen Intensität erlebt haben, mit der wir uns jetzt der Problematik Guineas widmen, wenn ich Einzelheiten von Versuchen berichte, von denen ich durch Lektüre indirekte Kenntnis habe, oder wenn ich Versuche beschreibe, die ich aus der Nähe miterlebt habe, ist die Intention immer die gleiche: die Genossen, an die ich schreibe, zu einer kritischen Stellungnahme aufzufordern, die es ihnen ermöglicht, meinen Vorschlägen und Anregungen eine neue Form zu geben.

Folglich liegt mir der Gedanke fern, daß jeder meiner Briefe als eine Art ABC oder fertige Formel aufgefaßt werden müsse, was im übrigen nicht nur Ausdruck für Mißachtung der Genossen wäre, sondern auch ein Beweis dafür, daß ich nicht begriffen hätte, was Ihr Volk ganz besonders auszeichnet: die Fähigkeit, zwischen wahrer Bescheidenheit, die es Ihrem Volk erlaubt, entsprechend den Interessen des Landes Hilfe aus dem Ausland anzunehmen, und dem tiefverwurzelten Gefühl für eine unverletzbare Autonomie Harmonie herzustellen. Diese Tugenden, die Ausdruck für die politische Reife Ihres Volkes sind, werden nicht in Seminaren erlernt und auch nicht in Laboratorien hergestellt. Auch die PAIGC hat sie nicht erfunden. Sie ist aus diesen Tugenden erwachsen, die sich im Befreiungskampf herausgebildet haben, in dem das unterdrückte Volk Guineas der große Lehrer und Schüler seiner

Führer war. Amilcar Cabral ist die vollkommene Verkörperung dieser Tugenden.
Es war eben dieser Geist der Selbstachtung, der Wachsamkeit, des behutsamen Umgangs mit der Geschichte – die vom Volk Guineas gemacht wird und damit dieses Volk neu formt –, der in uns allen vom IDAC diesen fast unbezähmbaren Wunsch weckte, unser Bestes zu Ihrem Kampf um den Wiederaufbau von Guinea Bissau und den Kapverden zu geben, wohl wissend, daß unser Bestes nur sehr wenig ist, denn jedem einzelnen von uns sind Grenzen gesetzt.
Vielleicht könnte ich sagen – und jetzt werde ich ein klein wenig unbescheiden –, daß einer der besten Wege, meine Briefe zu lesen, der wäre, zunächst zu versuchen, sie als Ganzes zu verstehen, um anschließend mögliche Arbeitslinien daraus zu entnehmen, die ich selbst nicht wahrgenommen habe, die aber in der einen oder anderen Aussage verborgen sind. Einen Brief gründlich zu lesen bedeutet im Grunde, ihn neu zu schreiben.
Ich bin in der letzten Zeit gesundheitlich nicht ganz auf der Höhe gewesen, weshalb ich bestimmte Verpflichtungen absagen mußte. Ganz sicher werden wir aber bald wieder in Guinea sein, wo ich ein Wiedersehen mit den Mangofrüchten und den Cashewnüssen feiern werde – ich freue mich so sehr darauf!
Elza und ich haben vor, über die offiziell geplante Woche hinaus noch ein paar Tage zu bleiben, um uns zusammen mit Monica, Edna, Alvarenga, Paulo und José noch einigen anderen Dingen zu widmen. Dazu würde eine Begegnung mit der Alphabetisierungskommission, jedoch nicht mit der Nationalen Kommission, zählen; das restliche Programm für diese zusätzliche Zeit können wir dann bei unserem Besuch gemeinsam planen.
Die herzlichsten Grüße an Sie und an die Genossin Beatriz und einen zärtlichen Kuß für den kleinen Enkel Pansau (diesmal habe ich den Namen richtig geschrieben, glaube ich),

Paulo

Ein ungehöriges PS – Lieber Genosse Mário,

obwohl ich nichts darüber gehört habe, hoffe ich doch, daß die bei der letzten zusammenfassenden Sitzung im Februar neu geschaffene Kommission, an die ich den Brief geschrieben habe, von dem ich Ihnen die Durchschrift sende, bereits mit Edna, Monica, Alvarenga, Paulo und

José ihre Arbeit aufgenommen hat – ich weiß nicht, ob sie vielleicht noch andere Mitglieder hat. Diese Kommission hat eine außerordentlich wichtige Funktion. Die Dynamik der Arbeit im zivilen Bereich wird in hohem Maße davon abhängen, was innerhalb dieser Kommission geschieht. Sie muß auch die Nationale Kommission, die die allgemeineren politischen Richtlinien für die Kampagne zu entwerfen hat, mit Material versorgen. Den gleichen Appell habe ich an den Genossen José von der FARP gerichtet.
Bitte verzeihen Sie mein Drängen – aber es ist das Drängen eines Genossen.

Paulo

Arbeitsgruppe
Brief Nr. 5

Genf, im April 1976

Liebe Genossen Monica, Edna, Alvarenga, Paulo und José,

dies ist das erste Mal, daß ich Ihnen schreibe und mich dabei ausdrücklich, ja fast »offiziell« an die Kommission wende, deren Mitglieder Vertreter von verschiedenen Sektoren der Alphabetisierung sind, die alle nach den gleichen Richtlinien arbeiten, die die Politik der PAIGC und der Regierung bestimmen. Ich hoffe, daß diese Kommission nicht nur einberufen worden ist, sondern auch schon ihre Arbeit voll aufgenommen hat.

Bei unserem ersten Besuch in Guinea im September des vergangenen Jahres wurden zum Abschluß unserer Arbeit bei der sogenannten »Synthesesitzung«, an der unter der Leitung von dem Genossen Mário Cabral Vertreter der verschiedenen Abteilungen des Erziehungsministeriums sowie die Arbeitsgruppe des IDAC teilnahmen, eine ganze Reihe von konkreten und realisierbaren Punkten beschlossen, die heute den wesentlichen Teil unseres gemeinsamen Arbeitsprogramms bilden. Zu diesen Punkten gehörte auch die Schaffung von zwei Kommissionen, was allerdings nicht die Möglichkeit ausschließen sollte, daß noch weitere Kommissionen oder Unter-Kommissionen oder Ausschüsse gebildet werden könnten, falls die Praxis dies erfordern sollte.

Die erste dieser Kommissionen sollte, zumindest für den Anfang, aus Mitgliedern bestehen, die an der Basis für das Funktionieren der Kulturzirkel in der Alphabetisierung und Nach-Alphabetisierung in einem spezifischen Sektor wie etwa der FARP verantwortlich sind, sowie aus Vertretern von Sektoren aus dem zivilen Bereich mit bereits laufenden Projekten – Projekten in Zusammenarbeit mit den politischen Komitees von Stadtvierteln, Projekte für Jugendliche, für Frauen etc.

Diese unbedingt notwendige Kommission sollte zunächst die Hauptaufgabe haben, für eine gewisse Regelmäßigkeit in der Arbeit in den verschiedenen Sektoren zu sorgen und dabei ihren Mitgliedern die ausgezeichnete Möglichkeit bieten, in der Diskussion über ihre spezifischen Erfahrungen aus den Erfolgen und Fehlern gemeinsam zu lernen.

Im Grunde sollen die Sitzungen dieser Kommission vor allem Auswertungsseminare* sein, wobei Auswertung in dem Sinne zu verstehen ist, wie ich sie in einem meiner Briefe erläutert habe. Das heißt, daß A und B gemeinsam eine Arbeit auswerten, die im Hinblick auf bestimmte, vor allem politische Ziele geleistet wurde oder wird, wobei die Auswertung sich an diesen Zielen orientiert, damit A und B in ihrer zukünftigen Arbeit effizienter sein können.

Deshalb darf in solchen Sitzungen, zu denen militante Genossen zusammenkommen, nichts verborgen bleiben, weder die Erfolge noch die Fehler. Sie zu verbergen wäre erst ein wirklicher Fehler.

Bei diesem großartigen Unterfangen, für das wir uns alle in Guinea Bissau und den Kapverden engagieren, kommt es nicht darauf an, daß jeder für sich ein ausgezeichneter Fachmann ist, sondern daß wir in der Gruppe lernen, das Machbare noch besser zu realisieren.

Wichtig ist, daß wir uns nicht von unseren Erfolgen hinreißen lassen und damit bewußt oder unbewußt einige Schwächen zudecken, noch daß wir versuchen, die Ursache unserer Schwächen nicht existenten Faktoren zuzuschreiben. Als militante Genossen, die den gleichen Kampf kämpfen und die gleichen Ziele verfolgen, müssen wir lernen, diese Selbstverständlichkeit anzuerkennen: niemand ist allwissend, und niemand ist völlig unwissend. Der richtige Weg, unsere Schwächen zu überwinden, ist also nicht, sie zu verbergen, sondern sie im konkreten Zusammenhang zu diskutieren, in dem sie hervortreten, so wie unsere Erfolge niemals dadurch bestätigt werden können, daß wir sie habgierig für uns behalten.

Diese beiden Beispiele sind Grenzfälle, Ausdruck einer bestimmten individualistischen Ideologie, vor der wir, um noch einmal mit Amilcar Cabral zu sprechen, auf der Hut sein müssen.

Und schließlich wird die Arbeit dieser Kommission, über deren Tätigkeit die Genossen Mário Cabral und Júlio Carvalho immer auf dem laufenden gehalten werden müssen und an der sie, wenn irgend möglich, selbst teilnehmen sollten, die Arbeit verbessern, korrigieren und weiterentwickeln, die an der Basis geleistet wird. Gleichzeitig wird die Tätigkeit dieser Kommission eine unerläßliche Ergänzung für die Arbeit der bereits aktiven Nationalen Kommission sein, die auf der Grundlage dessen, was auf lokaler und regionaler Ebene geschieht, die allgemeinen politischen Richtlinien für das Programm entwirft.

An diese Kommission also schreibe ich jetzt in der Überzeugung, daß sie inzwischen existiert, zumal der Genosse Mário Cabral auf der zusammenfassenden Sitzung bei unserem letzten Besuch in Guinea im

* Die sich auch mit der Programmerstellung beschäftigen.

Februar sich noch einmal mit allem Nachdruck für ihre Einsetzung ausgesprochen hat. Sollte ich möglicherweise nicht alle Namen genannt haben, bitte ich dafür um Entschuldigung.

Als zentralen Punkt dieses Briefes, in dem ich auch den einen oder anderen Punkt aus meinen früheren Briefen ansprechen werde, möchte ich einen Arbeitsvorschlag machen, den ich vor sechs Jahren einer Gruppe lateinamerikanischer Lehrer in Mexiko unterbreitet habe.

Vielleicht sollte ich aber gleich klarstellen, daß es nicht meine Absicht ist, diesen Vorschlag als Projekt anzusehen (wenngleich ich im Brief von einem Projekt spreche) und ihn, entsprechend den bei der Vorstellung eines Projekts üblichen Prinzipien, ausführlich in den verschiedenen Abschnitten zu analysieren, wozu auch ein Absatz über entsprechende Einplanung im Haushalt gehören würde. Diese Arbeit wäre später zu leisten, wenn erstens die hier als Vorschlag aufgeführten Gedanken tatsächlich etwas mit der Realität Guineas zu tun haben sollten, und zweitens die Vorschläge sich mit den unmittelbaren Zielen der Partei und der Regierung hinsichtlich der Beziehungen zwischen Erziehung und Produktion decken, d. h., wenn sie in Anbetracht der Situation des Landes realisierbar zu sein scheinen.

Bevor ich jedoch diesen Vorschlag unterbreite, möchte ich schnell ein paar Worte zu zwei Umständen sagen, die mich zumindest indirekt bewogen haben, diesen Vorschlag überhaupt zu machen. Der erste Umstand liegt weit zurück. Es handelt sich dabei um meine eigene Erfahrung, als ich als Kind im Schatten mächtiger Mangobäume im Hofe des alten Hauses in Recife, wo ich geboren bin, von meinen Eltern im Lesen und Schreiben unterrichtet wurde.

Die ersten Wörter, die ich lernte, waren Wörter aus meinem kindlichen Wortschatz, meine erste »Tafel« war der Erdboden, meine »Kreide« waren Holzstöckchen.

Dem zweiten Umstand, der etwas jüngeren Datums ist, begegnete ich in Chile, wo ich auf den Feldwegen Wörter las, die die Landarbeiter, die gerade alphabetisiert worden waren, dort mit ihren Arbeitsgeräten auf den Erdboden geschrieben hatten.

Diese beiden Begebenheiten, die zeitlich so weit auseinander, dabei aber in bestimmten Aspekten so dicht beieinander liegen, veranlaßten mich, damals jene Vorschläge zu machen, die ich in diesem Brief wiederhole und die dadurch, daß ich sie nun wiederhole, neue Nuancen erhalten, die sie damals noch nicht besaßen.

Der Grundgedanke meines Vorschlages besteht darin, eine Gegend mit landwirtschaftlicher Produktion, die entsprechend meiner Analyse in Brief Nr. 3 gerade eine infrastrukturelle Veränderung erlebt oder kurz vor einer solchen Veränderung steht, als Kulturzirkel zu nehmen. Auf diese Weise wird die existentielle Erfahrung der Bevölkerung als Ganzes, deren zentrale Dimension die produktive Arbeit ist, zur Quelle des gesamten erzieherischen Handelns, und zwar nicht nur im Bereich der Alphabetisierung und Nach-Alphabetisierung, sondern auch in der Erziehung von Kindern und Jugendlichen. Von daher ist die produktive Arbeit als konkreter Kontext, in dem sie geleistet wird, auch der theoretische Kontext, in dem über die praktische Arbeit reflektiert wird. Man versucht also, so weit wie möglich ein Verständnis der Dynamik zwischen Theorie und Praxis im Kontext der Praxis zu erreichen.

Dies bedeutet zum einen, daß die erzieherische Arbeit in der Alphabetisierung und Nach-Alphabetisierung von Erwachsenen wie auch mit Kindern und Jugendlichen in den Sonnenmonaten auf dem Feld selbst (wenn auch nicht ausschließlich) im Schatten eines Baumes stattfinden kann, während sie in der Regenzeit in Strohhütten verlagert wird, die von der Gemeinde eigens zu diesem Zweck gebaut werden, bis für bessere Räume gesorgt wird. Zum anderen bedeutet es, daß die Erziehung als Akt der Erkenntnis und eminent politisches Handeln, das um eine Thematik kreist, die der konkreten Realität der Lernenden entspringt und in enger Verbindung zu der Produktion steht, als ein wichtiger Faktor in dem Prozeß gesehen werden muß, in dem sich das Bewußtsein des Volkes verändert. Auf diesen Punkt hat Amilcar Cabral immer wieder hingewiesen. Von daher muß auch begriffen werden – vor allem in der Erwachsenenalphabetisierung –, daß jener Teil der eigentlichen Arbeitszeit, der eventuell für Bildungsarbeit in Anspruch genommen wird, letztendlich der Produktion zugute kommt.

Die erste große »Kodierung«, deren Dekodierung mit der Zeit eine ganze Reihe von Teilaspekten des Arbeitsprozesses aufdeckt, ist die natürliche Umwelt der Gegend, die durch das verändernde Einwirken des Menschen auf die Natur bereits zu einer kulturellen Umwelt geworden ist.

Wenn bei einem solchen Projekt ein ganzes Dorf als ein großer Kulturzirkel zusammengefaßt wird, wird sich allmählich die gesamte Einwohnerschaft des Dorfes in einem Erziehungsprozeß engagieren, in dem alle gleichzeitig füreinander zu Lehrenden und Lernenden werden. Die gemeinschaftliche Arbeit auf dem Feld, beim Säen, bei der Ernte, beim Bau von Strohhütten und den Minimaleinrichtungen für das lokale Gesundheits- und Hygienewesen muß mit größtem Nachdruck stimuliert werden, wobei in der Diskussion die Vorteile dieser Arbeitsform gegenüber der individualistischen Arbeit zu betonen sind.

Letztlich verfolgt ein solches Projekt nur das Ziel, die unsystematische Erziehung, die bisher jede menschliche Gemeinschaft gekannt hat, zu systematisieren, ohne sie jedoch in irgendeiner Weise zu bürokratisieren.

Sich um eine solche Systematisierung zu bemühen, wäre die Aufgabe einer kleineren Gruppe von entsprechend ausgebildeten Erziehern, die sich voll und ganz in das Leben der Dorfgemeinschaft integrieren und im gleichen Maße an ihrer produktiven Arbeit teilnehmen müßten wie die Bauern selbst. Diese Aufgabe muß *zusammen mit* der Bevölkerung und niemals nur *für* sie bewältigt werden.

Der allgemeine Rahmen für den programmatischen Inhalt der Erziehung auf allen ihren Ebenen ist, wie gesagt, die existentielle Erfahrung der Bevölkerung als ein Ganzes, deren eine entscheidende Dimension die produktive Arbeit ist.

Was eine solche Erziehung im Grunde anstrebt, ist eine sich immer stärker vertiefende kritische Reflexion darüber, wie die Menschen sich spontan in ihrer Welt »bewegen«. Das bedeutet, die Alltäglichkeit der Menschen zum Gegenstand der Analyse zu machen, sie durchschaubar zu machen, und auf diese Weise in der weiteren Praxis allmählich die Ursachen zu erkennen, warum das Dasein der Menschen in der Welt so und nicht anders ist. Mit anderen Worten bedeutet dies, das Wissen zu überwinden, das sich vorwiegend auf der Ebene der Sinneswahrnehmung von Fakten bewegt, und an seine Stelle ein Wissen zu setzen, das die wirklichen Ursachen dieser Fakten erfaßt.

Genau dies hat Amilcar Cabral immer zu tun versucht, wenn er die Kampflager zu wahren theoretischen Kontexten machten und es für ebenso wichtig hielt, mit den Kampfgenossen über die Kampfsituation, die richtige Taktik und die angestrebten Ziele zu diskutieren wie über die wissenschaftliche Erklärung von Blitz und Donner oder den Glauben an Amulette zu sprechen*. Amilcar Cabral wußte, daß das eine sehr wohl mit dem anderen zu tun hat.

* »Unsere neue Kultur innerhalb und außerhalb der Schule müssen wir unserem Widerstand und der Erfüllung unseres Parteiprogramms verpflichten. Es muß so sein, Genossen. Unsere Kultur muß sich auf der nationalen Ebene unseres Landes entwickeln. Aber ohne die Kulturen anderer Völker zu verachten oder geringzuschätzen, müssen wir die Klugheit besitzen, uns all das aus anderen Kulturen zunutze zu machen, was gut für uns ist, was sich unseren Lebensbedingungen anpassen läßt. Unsere Kultur muß sich auf wissenschaftlicher Grundlage entwickeln, sie muß wissenschaftlich sein, das heißt, nicht an imaginäre Dinge glauben. Unsere Kultur muß verhindern, daß morgen einer unter uns glaubt, daß der Blitz ein Zeichen für den Zorn Gottes ist, daß im Donner die Stimme des Himmels oder der wütende ›IRAN‹ spricht. In unserer Kultur müssen morgen alle wissen, daß ein Gewitter durch den Zusammenstoß zweier Wolken entsteht, von denen

In dem Maße, wie die Bevölkerung ihre eigene alltägliche Erfahrung zum Gegenstand kritischer Reflexion macht, werden einige Grundelemente des programmatischen Inhaltes der Erziehung klar. Dieser programmatische Inhalt strukturiert sich um verschiedene, aber miteinander zusammenhängende Aspekte, die zusammen eben jenes spontan sich in der Welt »bewegen« ausmachen.

Dieses spontan sich in der Welt »bewegen«, sich in ihr orientieren, impliziert das Dasein *in* und *mit* der Welt – und das ist etwas mehr als nur leben – und umfaßt zweifellos auch, daß die Subjekte sich ihrer selbst und der Welt, in der sie sich bewegen, bewußt sind. Es bedeutet aber nicht, daß die Welt – die Realität – zum Gegenstand realer Erkenntnis wird. Deshalb verlangt Cabral so ausdrücklich, »unsere Kultur muß sich auf wissenschaftlicher Grundlage entwickeln, sie muß wissenschaftlich sein, das heißt, nicht an imaginäre Dinge glauben«.

In der Erfahrung ihrer Alltäglichkeit, im Orientieren an der Realität begreifen die Subjekte diese als den »Bereich, in dem sich ihre praktisch-sinnliche Tätigkeit entfaltet und auf dessen Grundlage das unmittelbare praktische Erkennen der Realität erwächst«*.

Von grundlegender Bedeutung ist jedoch, daß die Realität von den Subjekten, die sich in ihr bewegen, nicht nur als »Bereich, in dem sich ihre praktisch-sinnliche Tätigkeit entfaltet« begriffen wird, sondern auch und vor allem als Gegenstand eines immer klarer werdenden Erkennens, das die praktisch-sinnliche Tätigkeit erhellt, die in der Realität ihren Entfaltungsbereich hat. »Die unmittelbare utililaristische Praxis«, um noch einmal Kosik zu zitieren, »und das entsprechende geläufige Denken geben den Menschen die Möglichkeit, sich in der Welt zu orientieren, sich mit den Dingen vertraut zu machen und sie zu manipulieren, aber sie ermöglichen es den Menschen nicht, die Dinge und die Realität zu verstehen«.

Es gilt also für uns militante Lehrende und Lernende, die sich als Subjekte in der Welt »bewegen«, diese Welt, die wir verändern und in der wir uns bewegen, auch als Subjekte zu erkennen. Es gilt, auf der Grundlage der kritischen Analyse unserer Praxis allmählich zu einer immer klareren Erkenntnis der sich verändernden Realität zu gelangen. Zu einer Erkenntnis, mit deren Hilfe die Alltäglichkeit durch-

die eine mit positiver und die andere mit negativer Elektrizität aufgeladen ist und daß sie bei ihrem Zusammenstoß Funken, d. h. den Blitz und Krach, d. h. den Donner erzeugen.«
Amilcar Cabral, Resistência cultural – PAIGC – Unidade e luta, Publicações Nova Aurora, Portugal 1974, S. 198 ff.

* Karel Kosik, Dialektik des Konkreten, Frankfurt a. M. 1967.

schaubar gemacht wird und bestimmte naive Formen der Begegnung mit dem Konkreten allmählich überwunden werden, die im wesentlichen den »Schwächen der Kultur« entsprechen, von denen Cabral spricht.

In diesem Sinne habe ich in Brief Nr. 3 betont, daß Erziehung immer eine bestimmte Erkenntnistheorie impliziert, die in die Praxis umgesetzt wird. Und daß diese in die Praxis umgesetzte Theorie vom Standpunkt der PAIGC aus den Lernenden eine wichtige Rolle zuspricht, die kritische Rolle dessen, der selbst der Erkenntnis fähig ist und nicht nur das an ihn weitergereichte »Erkennen« passiv entgegennimmt.

In einem solchen Projekt, in dem die militanten Lehrer unbedingt im gleichen Maße wie die Bevölkerung an der produktiven Arbeit teilnehmen müssen – und das bedeutet, daß sie selbst zu Einwohnern der betreffenden Gemeinde werden müssen –, sollten die Lehrer versuchen, Unterrichtsgruppen von jeweils 15 bis 20 Teilnehmern zusammenzustellen. Diese Gruppen würden sich im Gespräch über ihre tägliche Erfahrung mit ihrer produktiven Praxis auseinandersetzen und dadurch unzählige mit dieser Praxis zusammenhängende Themen analysieren können.

Der Ausgangspunkt für das Projekt ist die Mobilisierung der Bevölkerung, wozu auch eine Erläuterung des Projektes in seinen allgemeinen Grundzügen gehört. Die Mobilisierung der Bevölkerung wiederum impliziert ihre Organisierung, die für die effiziente Fortentwicklung des Projektes unbedingt erforderlich ist. Für die militanten Erzieher setzt sie damit ein, daß sie beginnen müssen, die elementaren Wünsche der Menschen sowie das Bild, das diese von sich selbst und von der Realität in ihrer alltäglichen Erfahrung haben, zu erfassen.

Denn das Projekt muß von Anbeginn von der ortsansässigen Bevölkerung als etwas ihr Eigenes übernommen werden, als etwas, das für sie von großer Bedeutung ist und ihnen gleichzeitig die Möglichkeit gibt, ihren eigenen Beitrag zum Wiederaufbau des Landes zu leisten.

Diese Forderungen sind insofern von fundamentaler Bedeutung, als sie auch mit den politischen Prinzipien der Partei und der Regierung übereinstimmen, die eine kritische und bewußte Partizipation des Volkes am nationalen Wiederaufbau und an der Schaffung einer neuen Gesellschaft wünschen. Ohne diese Partizipation wird es schwierig sein, das Land aufzubauen und noch viel schwieriger, die neue Gesellschaft zu schaffen.

Diese beiden Aspekte – die Bedeutung, die das Projekt für die Bevölkerung haben muß, und seine Auswirkung auf den Kampf um den nationalen Wiederaufbau – müssen sowohl in der ersten Phase des Projektes, d. h. anläßlich der Erläuterung des Projektes gegenüber der lokalen Bevölkerung ganz konkret, klar und objektiv diskutiert als auch während des gesamten Zeitraums, über den sich das Projekt erstreckt, immer wieder aufgenommen werden.

Wenn diese beiden Aspekte nicht eindeutig klar begriffen werden – und in vielen Fällen gilt dies vor allem für den ersten, ohne daß ich damit die beiden voneinander trennen wollte –, besteht die Gefahr, daß das Projekt scheitert, ehe es recht begonnen hat. Denn wenn für jene Bevölkerungsteile, die von Anfang an in irgendeiner Weise in den Befreiungskampf einbezogen waren, der Ausdruck »nationaler Wiederaufbau« eine konkrete Bedeutung besitzt, kann er für andere Teile der Bevölkerung ein äußerst vager und abstrakter Begriff sein. Deshalb muß sich die Mobilisierung entsprechend der örtlichen Gegebenheiten jeweils an dem Wiederaufbau der Realität orientieren, die der Bevölkerung am nächsten steht – an ihrem Dorf oder sogar an den Straßen eines Stadtviertels. Geht das Engagement für eine konkrete Praxis von der lokalen Ebene aus, wird es möglich sein, den Sprung auf die regionale und nationale Ebene zu tun. Zum anderen ist es wichtig, um noch einmal auf den Brief Nr. 3 zurückzukommen, daß Projekte wie dieses auf strukturellen Veränderungen aufbauen, die sich gerade vollziehen oder unmittelbar bevorstehen. Veränderungen, die dadurch, daß sie den traditionellen Kontext in Bewegung bringen, neue Erwartungen in der Bevölkerung wecken und damit die Alphabetisierung und Nach-Alphabetisierung zu einem Bedürfnis werden lassen. So entsteht eine Dynamik im Erkenntnisprozeß – gleich, auf welcher Ebene sich dieser vollzieht – in direkter Beziehung zu der Dynamik innerhalb des sich verändernden Kontextes.

Ich weiß nicht, ob Sie schon etwas über die Geschichte von Tachai, einem kleinen Bergdorf in Nordchina, gelesen haben, von dem Professor Lee sagt, es sei »das erfolgreichste Beispiel für den Einsatz von Alphabetisierung und ideologischer Massenerziehung zur Entwicklung ländlicher Gebiete«*.

Das Experiment von Tachai, das dieses Dorf zu einem Beispiel für ganz China und zu einem Anziehungspunkt für Erzieher aus der ganzen Welt werden ließ, verdeutlicht die Dynamik, von der ich sprach.

1945, nachdem die Japaner von den chinesischen Truppen vertrieben

* H. P. Lee, Education an Rural Development in China today, World Year Book of Education – University of London, Institute of Education, Teachers College, Columbia University, in: Literacy Work, I.I.A.L.M. – Vol. 4, N. 2, October-December 1974, S. 55.

worden waren, begann man mit einem »Alphabetisierungsplan, der ein Schema für den Beginn eines Agrarreformprogramms als Voraussetzung für die Entwicklung des Dorfes enthielt«. Das Projekt Agrarreform – die Voraussetzung für die Entwicklung des Dorfes – knüpfte an das Klima allgemeiner Motivation an, das infolge der Vertreibung der Invasoren im Dorf herrschte.

Der erste Abschnitt der insgesamt in allen Phasen eminent politischen Alphabetisierungskampagne konzentrierte sich auf die Diskussion über die Dringlichkeit der Agrarreform.

So ließ der Impetus, die Wirklichkeit ihres Dorfes zu erneuern, bei der bäuerlichen Bevölkerung das Bedürfnis nach Alphabetisierung entstehen; diese wiederum ließ sie kritisch begreifen, daß dieses Bedürfnis befriedigt werden mußte, wenn nicht jener Impetus verlorengehen und damit die Alphabetisierungsarbeit vergeblich sein sollte. Nachdem aber die Agrarreform durchgeführt worden war, erkannten die Bauern, daß sie trotz allem die Produktion nicht steigern konnten (und ohne Steigerung der Produktion mußte die Veränderung von Tachai scheitern), weil es ihnen an »Arbeitstieren und -geräten fehlte«.

Die Erfahrung eines neuen Bedürfnisses, das aus der Dynamik der Veränderung der Realität erwachsen war, gab den Anstoß zu einer neuen Phase des Alphabetisierungsprogrammes, die sich jetzt auf die Diskussion über die Vorteile kooperativer Arbeit konzentrierte.

So wurde der Schritt von der gefühlsmäßigen Wahrnehmung zum kritischen Begreifen des Bedürfnisses vollzogen, und als erstes Ergebnis bildete sich eine Gruppe für gegenseitige Hilfe, koordiniert von Chen Yung-Kuei, der allmählich eine unbestrittene Führungsrolle in der Entwicklung von Tachai übernahm.

Die positiven Resultate dieses Versuches ermunterten später andere Bauern, sich Chen Yung-Kuei und seinen Mitstreitern anzuschließen. Aus der Gruppe um Chen Yung-Kuei wurde 1952 eine Kooperative mit elementarer Struktur; 1956 verwandelte sie sich in eine sozialistische Kooperative, und 1958 wurde das ganze Dorf Tachai zu einer »Produktionsbrigade«.

Die Volkserziehung hielt mit all diesen Veränderungen Schritt, sie gab ihnen Impulse und empfing ihrerseits aus den Veränderungen neue Impulse.

Sehr viel später, nachdem er als Analphabet an der Alphabetisierungskampagne seines Dorfes teilgenommen und die erste kooperative Arbeitsgruppe angeführt hatte, faßte Chen in einem Gespräch mit nordamerikanischen Professoren, die Tachai besuchten, die Gründe für die radikale Veränderung seines Dorfes in einem einzigen Satz zusammen:

»Die schöpferische Kraft des Volkes – dies ist die Stärke von Tachai und von ganz China.«*

Ich hielte es nicht für überflüssig, in kurzen Zügen die Hauptabschnitte des Experimentes von Tachai zu rekapitulieren und sozusagen didaktisch die Dynamik zwischen der Erziehung – einschließlich der Erwachsenenalphabetisierung, der sich eine ganze Reihe von hier nicht aufgeführten Aktivitäten mit verschiedenen Arbeitsgruppen anschlossen – und den strukturellen Veränderungen zu verfolgen.

Während der japanischen Invasion herrschen Ausbeutung, Fremdherrschaft, mangelnde Initiative.

Die Vertreibung der Invasoren durch die chinesischen Kommunisten im Jahre 1945 rüttelt die gesamte Bevölkerung auf und erweckt in ihr entgegengesetzte Gefühle – Hoffnung und Selbstvertrauen –, so daß sie sich zwangsläufig voller Eifer für den Wiederaufbau ihres Dorfes engagiert.

Die durch die Befreiung entstandene neue Atmosphäre genügt, um die Bevölkerung voller Überzeugung an der Alphabetisierungskampagne teilnehmen zu lassen, die die Kommunistische Partei ihr anbietet. Die Alphabetisierungskampagne wiederum sieht eine Agrarreform vor, ohne deren Realisierung der Wiederaufbau von Tachai nicht zu erreichen wäre. Mit dem Erlernen von Lesen und Schreiben verbindet die Kampagne also auch, die sozio-ökonomische Realität »lesen« zu lernen, aus der sich die Notwendigkeit der Agrarreform unschwer »ablesen« läßt.

Nachdem die Dringlichkeit der Reform begriffen worden ist – auf dem Weg dahin sind einige Hindernisse zu beseitigen, deren Auftreten ebenfalls zur Herausbildung des politischen Bewußtseins der Bevölkerung beiträgt –, wird die Reform schließlich durchgeführt.

Im Anschluß an die Reform stehen die Bauern einer neuen Notwendigkeit gegenüber, die jetzt klar umrissen aus der Dynamik der Veränderung hervortritt – die Notwendigkeit, die Arbeit gemeinschaftlich zu bewältigen, denn nur so, nur mit vereinten Kräften würden sie die individuellen Grenzen in der produktiven Arbeit überwinden können. Nur durch Überwindung der individualistischen Interessen würden sie die Produktion steigern und die bereits errungenen Siege konsolidieren können. Die Erziehung hält mit der neuen Entwicklung Schritt und orientiert sich in der gleichen Richtung – sie stimuliert die gemeinschaftliche und solidarische Arbeit, die schließlich Schritt für Schritt Tachai zu einer »Produktionsbrigade« werden läßt.

* China! Inside the People's Republic, By the Committee of Concerned Asian Scholars, A Bantam Book – N. Y. 1972, S. 158.

Vielleicht wäre es sinnvoll, die Diskussion und Analyse der in diesem Brief vorgestellten Arbeitshypothese für einen kurzen Einschub zu nutzen, um noch einmal auf die Beziehungen zwischen Erziehung und dem geplanten gesamtgesellschaftlichen System aufmerksam zu machen.

Ein solches Projekt kann überhaupt nicht oder nur in sehr reduzierter Form verwirklicht werden, wenn in dem geplanten gesamtgesellschaftlichen System eine Politik der wirtschaftlichen Entwicklung beschlossen wird, die sich an dem Ziel einer raschen Industrialisierung orientiert, für die die landwirtschaftliche Produktion ihren »Tribut« zahlen müßte. Im Gegenteil, ein solches Erziehungsprojekt setzt eine Industriepolitik voraus – die unbestritten notwendig ist –, für die die Agrarwirtschaft die Grundlage bildet und nicht etwa dienende Funktion hat.

In dem einen Fall entsprechen die Beziehungen zwischen Landwirtschaft und Industrie letztlich den Beziehungen zwischen Bauern und urbanen Industriearbeitern, die alle zusammen für den kollektiven sozialen Wohlstand produzieren*; im anderen Fall wird zwangsläufig ein Graben zwischen den Lebensnormen der beiden Gruppen gezogen. Und dies alles hat wiederum damit zu tun, wie Produktion verstanden wird.

Wenn der Gewinn in der Produktion weiterhin wenn nicht die gleiche, so doch eine ähnliche Rolle wie in der kapitalistischen Wirtschaft spielt, wird die Produktion sich auf die Herstellung von Tauschwerten und nicht von Gebrauchswerten ausrichten, wie ich bereits in Brief Nr. 3 gesagt habe. Deshalb wundert es nicht, daß die Produktionsanreize immer materieller Art sein werden, im Gegensatz zu dem, was ein Erziehungsprogramm wie das hier zur Diskussion stehende als Hauptanliegen vertritt. Denn es ist ein Programm, das in enger Verbindung mit der Produktion das soziale Verantwortungsbewußtsein und die kooperative Arbeit zum Nutzen der Allgemeinheit stimulieren will und im Grunde auf einem tiefen Glauben an den Menschen aufbaut. Es geht von dem kritischen, aber nicht naiven Glauben an die Möglichkeit des Menschen aus, sich in dem Wiederaufbau seiner Gesellschaft neu zu formen.

Einer der Vorteile eines solchen Projektes besteht darin, daß es die kritische Reflexion über die kontextuelle Realität im »Zusammenleben« mit dieser Realität anbietet und damit die Entstehung eines

* Siehe hierzu: Paul T. K. Lin, Development guided by values: Comments on China's road and its implications, in: On Creation of a just world order – edited by Saul H. Mendlowitz, The Free Press – A Division of Macmillan Publishing Co., N. Y. 1975, S. 259–297.

neuen Schultypus stimuliert – einer Schule, die im Einklang mit der neuen Gesellschaft, die in Guinea Bissau und den Kapverden geschaffen werden soll, keine Trennung vollzieht zwischen Theorie und Praxis, Denken und Handeln, Kopfarbeit und Handarbeit.

Auch auf die Gefahr hin, mich allzusehr zu wiederholen, möchte ich doch sagen, daß die dichotomisierende Schule überall dort, wo sie existiert, so schnell wie möglich abgeschafft werden muß und daß sie niemals in Gegenden zugelassen werden darf, die bisher von ihrer verfremdenden Kraft unberührt geblieben sind.

Vor etwas mehr als einem Jahr hatte ich Gelegenheit, ein wahrhaft großartiges Experiment in einem ländlichen Gebiet der Kariben kennenzulernen. Einige Aspekte dieses Versuches, zum Beispiel, wie die Bauern ihre eigene Erziehung organisierten, können uns wertvolle Anregungen für das Projekt liefern, über das wir in diesem Brief sprechen.

Die Bauern waren in einer Produktionskooperative* organisiert und hatten die bebaute Fläche in Arbeitseinheiten unterteilt, wobei zu jeder Einheit mindestens 15 Arbeiter zählten.

Für jede dieser Teilflächen bauten sie eine Strohhütte, die als Kantine und Bildungszentrum diente und in der zwei oder drei Genossinnen das Mittagessen zubereiteten – das Vorurteil, daß Kochen nichts für Männer sei, hatten sie noch nicht überwunden. Wenn sie in der Frühe auf das Feld gingen, begaben sie sich zuerst zur »Zentrale« ihrer Fläche – der Strohhütte – und lieferten dort ihren Beitrag zum Essen ab – ein Huhn, einen in der nahegelegenen Bucht geangelten Fisch, ein Stück Fleisch, Obst und Gemüse –, ohne beim Mittagessen einen Anspruch darauf zu haben, das Mitgebrachte auch selbst zu verzehren. Waren die persönlichen Beiträge erst einmal in dem großen gemeinsamen Topf vermengt, gehörte nichts mehr einem allein. Die solidarische Arbeit in der Gemeinschaft hat auch mit dem gemeinsamen Essen zu tun.

Jede Gruppe wählt einen Sprecher, der genauso wie die anderen in der

* Diese Kooperative war aus einem Konflikt zwischen den Bauern und dem ausländischen Unternehmen hervorgegangen, das das Land und die Arbeitskraft der Bauern ausbeutete. Der Konflikt wiederum war aus der Entlassung eines erst kurz vorher eingestellten Agronomen entstanden, mit dem die Bauern sich aufgrund seines demokratischen und offenen Verhältnisses zu ihnen voll solidarisiert hatten. Der Konflikt verschärfte sich so weit, daß es zu einem ausgedehnten, lange währenden Streik – dem ersten in der Region – kam, mit dem schließlich die »Verstaatlichung« der von dem ausländischen Unternehmen bewirtschafteten Ländereien erzwungen wurde, von denen allerdings nur ein Teil den Bauern in Pacht zur Bewirtschaftung »überlassen« wurde.

Produktion arbeitet, aber Verantwortung für Organisation und Koordination trägt und gelegentlich die Gruppe gegenüber der ebenfalls aus Bauern gebildeten Verwaltung der Kooperative vertritt.

Für das Mittagessen lassen sie sich zwei Stunden Zeit und besprechen dabei regelmäßig die verschiedensten Probleme – agrartechnische, sanitäre, finanzielle und kommerzielle Fragen und deren politischen Hintergrund. Sie denken also über ihre Praxis nach. Ich habe an einer dieser Versammlungen im Schatten der rustikalen Hütte teilgenommen und konnte dabei wieder einmal feststellen: indem wir über unsere Praxis nachdenken, lernen wir, richtig zu denken.

Einmal in der Woche treffen sich die Gruppensprecher mit dem Agraringenieur (der täglich auf das Feld geht) und werten mit ihm gemeinsam aus, was zwischen zwei Treffen geschehen ist. Beim nächsten Gruppentreffen berichten die Sprecher über ihr Gespräch mit dem Agronomen, der als Funktionär der Kooperative für die technische Beratung der Bauern sorgt.

Neben den Gruppenversammlungen und den Treffen zwischen den Gruppensprechern und dem Agronomen finden auch noch Sitzungen zu Fragen der Verwaltung mit der Leitung der Kooperative statt sowie besondere Versammlungen, auf denen der Vorsitzende (ebenfalls ein Bauer) über die allgemeinen Handlungsrichtlinien, dringend anstehende Probleme etc. spricht.

Nachdem die Bauern dieses Experiment über einen gewissen Zeitraum durchgeführt hatten, beschlossen sie, es zu erweitern. Sie begannen, die Bevölkerung der benachbarten kleinen Stadt zu motivieren, indem sie über das Jahr verteilt vier Seminare über die lokale Realität anboten, wobei sie natürlich von der Analyse ihrer eigenen Erfahrung ausgingen. Die Themen dieser Seminare werden von den Bauern ausgewählt, so wie sie auch bestimmen, wer von ihnen das jeweilige Thema in einem Kurzreferat vorstellen soll, dem sich dann die allgemeine Diskussion anschließt.

Während meines viertägigen Besuches als Gast im Haus des Sprechers der Kooperative nahm ich an einem dieser für die Stadtbevölkerung geöffneten Seminare teil. Ich war keineswegs überrascht zu sehen, wie klar und deutlich die Bauern die Themen des Seminars behandelten, wie sie Individualismus, Opportunismus und Starallüren kritisierten; wie sie die Notwendigkeit der kooperativen Arbeit betonten, vertikale Lösungen ablehnten, das Stimmrecht verteidigten; wie ihre politische Praxis sie radikalisiert und erkennen lassen hatte, daß die Ursachen für ihre größten Probleme nicht immer in der »Intimität« ihres wenige Hektar zählenden Landes zu suchen waren. Nach und nach gelang es ihnen, die Totalität zu sehen und die ausschnittartige Wahrnehmung der Probleme zu überwinden.

Zum Zeitpunkt der Niederschrift dieses Briefes weiß ich nicht, ob dieses Experiment noch besteht oder gescheitert ist oder, falls es noch weiterbesteht, vielleicht in eine falsche Bahn gelenkt worden ist. Keine dieser Möglichkeiten würde mich überraschen.

Festzuhalten ist auf jeden Fall, daß dieses Experiment uns auf einige Punkte verweist, die uns in früheren Briefen und auch in diesem Brief wichtig waren.

Einer dieser Punkte ist zum Beispiel die Rolle, die der Konflikt für die Klärung des politischen Bewußtseins der Beteiligten spielt. Die gleichen Bauern, die ich aktiv erlebte, wie sie sich zur Verteidigung ihrer Interessen organisierten, dürften noch vor wenigen Jahren völlig apathisch gewesen sein.

Der Befreiungskampf von Guinea Bissau, um nur diesen zu nennen, und seine Konsequenzen für das politische Bewußtsein seines Volkes ist eine mehr als reiche Erfahrung dieser Art.

Ein weiterer Punkt sind die Beziehungen zwischen der Erziehung, darin eingeschlossen die Erwachsenenalphabetisierung, und den infrastrukturellen Veränderungen. Vor dem Konflikt, der die Entstehung der Kooperative zur Folge hatte, die die gesellschaftlichen Produktionsverhältnisse veränderte, war die gleiche bäuerliche Bevölkerung, die ich nun in einem wichtigen Erziehungsprozeß erlebte, weder objektiv noch subjektiv zu einem solchen Unterfangen in der Lage gewesen. Unter den gegebenen Umständen war es möglich, eine Arbeit zu beginnen, in der versucht wurde, wenn auch auf unterster Ebene, die Einheit von Theorie und Praxis, von Denken und Handeln, von Kopfarbeit und Handarbeit herzustellen.

Schließlich beweist dieses Experiment auch, daß es möglich ist, eine Produktionsfläche zu einem großen Kulturzirkel zusammenzufassen, in dem alle zugleich füreinander Lehrende und Lernende sind und in ihrer Praxis den Ausgangspunkt für ein kritisches Verständnis ihrer Alltäglichkeit haben.

Ich möchte jetzt den Versuch machen, die bisher genannten wichtigsten Punkte in einem Schema zusammenzustellen, ohne dabei jedoch allzu streng vorzugehen.

1. Ein Anbaugebiet als geschlossenen Kulturzirkel nehmen.
2. Ausgangspunkt des Projektes ist die Mobilisierung der Bevölkerung. Dies impliziert die Organisierung der Bevölkerung, so daß sie über ein Ortskomitee direkt an ihrer eigenen Verwaltung beteiligt ist. Die Bevölkerung muß das Projekt als etwas ihr Eigenes betrachten.

Daraus ergibt sich die Notwendigkeit, während der Mobilisierung die Ziele und bestimmte methodologische Aspekte des Projektes zu erläutern, außerdem, wie wichtig es ist, daß, wenn und wann immer möglich, Jugendliche mit abgeschlossener Gymnasialausbildung ständig anwesend sind und sich auch als Arbeiter in die Gemeinschaft integrieren. Daß diese Jugendlichen sich in die Gemeinschaft integrieren sollen – wobei ich wiederhole, wenn und wann immer dies möglich ist –, stellt diese vor das Problem, als Intellektuelle, die fern der produktiven Praxis ausgebildet wurden, zu »sterben« und die Bevölkerung vor das Problem, sie als echte Genossen zu akzeptieren. Selbst wenn ein solches Programm leichter für militante Mitglieder der FARP zu realisieren ist, die neben ihrem politischen Bewußtsein auch noch über ihre Fähigkeiten als Bauern und ihre Erfahrungen in der Alphabetisierung und Nach-Alphabetisierung verfügen, scheint es mir doch äußerst wichtig, daß man versucht, auch einige Jugendliche für das Programm zu gewinnen, die gerade das Gymnasium verlassen haben und aktiv in der Partei arbeiten.

Wenn es diesen Jugendlichen aus verschiedenen Gründen, unter anderem aufgrund ihres Alters, nicht möglich gewesen ist, ihren Beitrag zum nationalen Befreiungskampf zu leisten, hätten sie jetzt die Möglichkeit, am nationalen Wiederaufbau zu partizipieren. Zwei Jahre produktiver Arbeit und politisch-pädagogischer Praxis Seite an Seite mit ihren bäuerlichen Genossen werden ihnen das geben, was das Gymnasium, ungeachtet der guten Absichten ihrer Lehrer, ihnen niemals geben kann.

Diese Jugendlichen könnten von Zeit zu Zeit und wenn möglich in Begleitung von einigen Bauern nach Bissau fahren, um dort mit Schülern und Lehrern des Gymnasiums an Seminaren teilzunehmen, in denen über das laufende Experiment gesprochen wird. Auf diese Weise könnten sie andere Jugendliche motivieren, sich ebenfalls für diese Arbeit zu engagieren.

Dies wäre eine weitere Möglichkeit, die so dringend notwendige Neuordnung des Erziehungssystems des Landes zu beschleunigen.

3. Der programmatische Inhalt der Erziehung erwächst aus der permanenten kritischen Reflexion über die gesellschaftliche Praxis, deren eine entscheidende Dimension die produktive Arbeit ist. Die Analyse der produktiven Praxis eröffnet die Möglichkeit, sich mit einer reichhaltigen Thematik auseinanderzusetzen, wobei die Diskussion immer tiefer vordringen muß. Durch diese Auseinandersetzung tritt allmählich an die Stelle der bloßen Meinung über Fakten das Erkennen ihrer Ursachen.

Die Themen reichen von Agrartechniken – Aussaat, Ernte, Bodenbearbeitung, Schädlingsbekämpfung und Erosion – bis zum Begreifen des eigentlichen Produktionsvorganges. Die Wirtschaftspolitik des Landes – was produzieren, wie produzieren, wofür produzieren. Sanitäre Probleme, wobei die Diskussion hierüber den Weg bereiten kann für die Schaffung eines Unterausschusses für Präventivmedizin; hier könnten die »Medizinmänner« und »weisen Frauen« – die Ärzte aus dem Volk – einbezogen werden, die nach entsprechender Schulung durch Fachpersonal des Gesundheitsministeriums der Bevölkerung unschätzbare Dienste leisten könnten. Es würde zu weit führen und ist hier auch nicht notwendig, all die unzähligen Themen zu nennen, die sich aus der Reflexion über die produktive Arbeit ergeben und die später als miteinander verbundene Lerneinheiten den programmatischen Inhalt der Erziehung bilden werden. Vor allem kommt es darauf an, daß ein Programm, das sich in dieser dynamischen Weise herausbildet, niemals auf vorgefertigte statische und bürokratische Formeln reduziert wird.
In Brief Nr. 3 haben wir zum Beispiel gesehen, welch reichhaltige Thematik sich aus dem Wort Reis ableiten läßt.

4. Zur Realisierung eines solchen Projektes ist die enge Zusammenarbeit von verschiedenen Ministerien erforderlich – dazu gehören die Ministerien für Erziehung, Landwirtschaft, Gesundheit, Verkehr, Finanzen und Handel –, wobei die Partei auf lokaler, regionaler und nationaler Ebene nicht nur über die Existenz dieses Projektes informiert sein, sondern auch ständig über seinen Fortgang unterrichtet werden muß. Unter bestimmten Umständen müßte die Partei selbst, in Zusammenarbeit mit den beteiligten Ministerien, die Initiative ergreifen. Diese Zusammenarbeit beginnt in dem Augenblick, in dem auf ministerieller Ebene unter Beteiligung des Politischen Kommissars der FARP über die Möglichkeit eines derartigen Projektes gesprochen wird; sie setzt sich während der Ausbildung der Lehrkräfte fort und bleibt während sämtlicher Phasen des Projektablaufes weiter bestehen.
5. Zwischen dem Ortskomitee des Gebietes, in dem das Experiment durchgeführt wird, und den verschiedenen Abteilungen der einzelnen direkt betroffenen Ministerien muß eine ständige Verbindung bestehen. Wie diese möglichst wenig bürokratischen Verbindungen herzustellen sind, wird sich durch die praktische Arbeit an dem Projekt erweisen. Die Hauptsache ist, daß sie objektiv bestehen und effizient sind.
6. Wenn dieses Experiment in einem bestimmten Gebiet des Landes

durchgeführt werden kann und die beteiligte Bevölkerung die Fähigkeit entwickelt, über ihre produktive Praxis nachzudenken und über die bloße Meinung über Fakten hinauszugelangen, kann dieses Gebiet nicht nur zu einem Beispiel für andere Gebiete werden, sondern auch gerade deshalb zu einem Ausbildungszentrum für neue Kader.

Die Praxis wird alle Beteiligten lehren, eine Vielfalt von Aspekten und Problemen zu entdecken, die in diesem Brief nicht einmal angedeutet sind, und möglicherweise wird sie einige der hier vorgetragenen Anregungen korrigieren. Ohne jetzt noch einmal darauf hinzuweisen, wie wichtig es ist, die Wortbeiträge der Bauern aufzuzeichnen und welche Vielfalt an Verwendungsmöglichkeiten es für diese Aufzeichnungen gibt, will ich abschließend doch noch einmal mit Nachdruck betonen, daß die Diskussionen in den verschiedenen Unterrichtsgruppen aufgezeichnet werden müssen.

Mit brüderlichen Grüßen
Paulo Freire

Genf, den 7. Mai 1976

Lieber Genosse Mário Cabral,

noch einmal möchten Elza und ich unser Bedauern zum Ausdruck bringen, daß es nicht möglich war, Sie bei dem letzten Besuch des IDAC zu sehen.
Ich sende Ihnen die Kopie eines Briefes, den ich an Paulo und damit an die gesamte Arbeitsgruppe geschrieben habe. Wie Sie daraus entnehmen werden, liegt mir daran, die Probleme auf den Tisch zu bringen, sie im Licht der Arbeit, in der wir alle uns engagieren, zu untersuchen und nicht Lösungen zu liefern.
Sollte der Brief in irgendeinem Punkt nicht der Realität des Landes entsprechen und Sie deshalb anderer Meinung sein, machen Sie mich bitte darauf aufmerksam, damit ich mich korrigiere und besser arbeiten kann.
Wir erwarten nach wie vor Ihre Anweisungen für die Überweisung des Geldes, von dem ich in dem Brief geschrieben habe, den ich Ihnen über Miguel sandte.
In der Hoffnung, Sie im nächsten Monat in Dar-es-Salaam zu sehen, umarmt Sie Ihr Genosse und Freund

Paulo

Brief Nr. 6

Genf, im Frühjahr 1976

Mein lieber Paulo,

vor einigen Tagen erhielt ich Ihren Brief, in dem Sie von den besser systematisierten Sitzungen berichten, an denen die Vertreter der verschiedenen Sektoren der Erwachsenenalphabetisierung teilnehmen.
Ohne noch einmal die Notwendigkeit der gemeinsamen Arbeit zu betonen, ohne die nur wenig zu erreichen ist, und ohne noch einmal das zu sagen, was wir schon lange wissen – wie sehr der Erfahrungsaustausch uns alle bereichert –, bin ich doch überzeugt, daß die Schwierigkeiten, denen Sie bei Ihrem Bemühen um Gemeinschaft begegnen mögen, leicht überwunden werden können. Sie alle haben doch eines gemeinsam: den kämpferischen Geist. Und je mehr wir uns als Kämpfer begreifen, je klarer wir uns in unserer politischen Arbeit werden, für wen und wofür wir uns engagieren, um so eher sind wir in der Lage, die individualistischen Versuchungen zu bekämpfen, die die Arbeit in der Gruppe behindern. Durch unsere Militanz erreichen wir nämlich viel mehr, als wenn wir nur einfach Experten wären. Der Kampfgeist ist unsere Disziplin und unser Antrieb bei der Suche nach besserem Erkennen der Realität, deren Veränderung und Neugestaltung wir Seite an Seite mit anderen Kämpfern erleben.
Deshalb kann das Treffen einer Gruppe von militanten Mitgliedern, die gemeinsam ihre eigene Arbeit auswerten – eine Arbeit, die sie nicht *für* das Volk, sondern *mit* dem Volk verrichten –, nicht zu einer Versammlung von Experten werden, die sich gegeneinander verteidigen. Die Begegnung zwischen Militanten muß deshalb immer eine Begegnung im Dialog und keine polemische Auseinandersetzung sein, was aber nicht bedeutet,daß es keine Meinungsverschiedenheiten und unterschiedlichen Standpunkte geben dürfe, die es allerdings durch ernsthafte und gründliche Diskussion zu überwinden gilt.
Aus diesen Gründen betone ich in meinen Gesprächen mit Erziehern immer wieder, daß im Grunde nicht die Techniken und Methoden so wichtig sind, sondern die politische Klarheit des militanten Erziehers darüber, in wessen Interesse er eigentlich arbeitet.
Die Militanz lehrt uns, daß pädagogische Probleme vor allem ideologische und politische Probleme sind, so sehr diese Feststellung auch jene

Erzieher schrecken mag, die von abstrakten Erziehungszielen sprechen und von einem Modell des Menschen träumen, das sich nicht um die konkreten Bedingungen kümmert, in denen der Mensch sich befindet.

Der neue Mensch bildet sich nicht im Kopf von Erziehern heraus, sondern in einer neuen gesellschaftlichen Praxis, die an die Stelle der alten Praxis tritt, die diesen neuen Menschen zu schaffen nicht in der Lage ist.

Die richtige Militanz, die die dialektische Einheit von Theorie und Praxis, von Denken und Handeln fordert, ist es auch, die uns in unserer Kreativität gegen die Gefahren der Bürokratisierung und Routine stimuliert.

Der enge »Umgang« mit Themen, mit denen ich mich seit langem beschäftige, hat jedoch niemals meine Neugier diesen Themen gegenüber »bürokratisieren« können. Ich nähere mich ihnen, indem ich von ihnen »Abstand nehme« und sie als Probleme begreife, die es aufzudecken gilt.

Während ich sie von neuem betrachte und untersuche, analysiere ich auch noch einmal, wie ich mich mit ihnen in der Vergangenheit auseinandergesetzt habe. Mehr noch, vor allem betrachte und untersuche ich noch einmal meine frühere und auch meine derzeitige Praxis sowie die Praxis der anderen, die ich kritisch analysiere – die Praxis, in der die Themen sich als Probleme darstellen.

Meine Neugier wird so wenig bürokratisiert, wie ich mich selbst in meiner Praxis, dem wesentlichen Bezugspunkt meiner Reflexion, bürokratisiere. So orientiert sich die permanente Reflexion, zu der ich mich zwinge, an dem Konkreten, in dem ich mich problematisiert befinde. Wenn ich versuche, aus dem Konkreten die Probleme als Themen »herauszunehmen«, um über sie nachzudenken und ihre »raison d'être« zu begreifen, erliege ich niemals der Versuchung, sie zu vagen Abstrakta zu machen. In dem Augenblick, in dem ich dies täte, würde ich mich von meiner Praxis lösen, und damit wäre sie nicht mehr die Grundlage meiner Reflexion. Aus meinen Gedanken würde ein rein intellektualistisches Geschwätz, das, auch wenn es noch so großartig klänge, eben doch nur Geschwätz bliebe.

Die dialektische Einheit von Denken und Handeln, von Theorie und Praxis ist für mich in jedem Kontext zwingend – sei es der konkrete Kontext, in dem ich handele, sei es der theoretische Kontext, in dem ich von dem konkreten »Abstand nehme«, um zu untersuchen, was sich darin abspielt.

Deshalb werde ich nicht müde zu sagen, daß das Nachdenken über die Praxis die beste Möglichkeit ist, richtig zu denken.

Ohne daß ich Ratschläge, Rezepte oder Belehrungen erteilen wollte, sage ich, daß gerade diese für die richtige Militanz notwendige kritische Reflexion über Ihre Praxis eines der zentralen Anliegen der Arbeit in der Kommission sein muß, zu der Sie gehören und von deren ersten systematischen Sitzungen Sie uns in Ihrem Brief berichten.
Bei dieser Gelegenheit, wo ich Ihren Brief beantworte und damit auch an die anderen Genossen der Kommission schreibe, möchte ich einen Punkt ansprechen, der bei unseren Gesprächen in Guinea im Februar immer wieder auftauchte. Ich meine damit die Arbeit in der Erwachsenenalphabetisierung in den Wohnbezirken von Bissau, die sich ja noch in den Anfängen befindet. In sämtlichen Aussagen über den Stand und Verlauf dieser Arbeit zeigte sich, wie weit die Ergebnisse noch von den Resultaten waren, die innerhalb der FARP erzielt worden sind.
Selbst wenn wir einen Teil der Hauptursachen kennen, die diesen ungewöhnlichen Unterschied erklären können, halte ich es doch für wichtig, ein wenig darüber nachzudenken, d. h. das zu überdenken, was bisher getan worden ist – was Sie ja auch bereits tun, wie aus Ihrem Brief zu entnehmen ist –, um andere Wege zu finden, damit die Arbeit in den sogenannten zivilen Wohnbezirken effizienter wird.
Es liegt wohl auf der Hand, daß einer der Hauptgründe für den Vorsprung in der Alphabetisierung und Nach-Alphabetisierung innerhalb der FARP das hochentwickelte politische Bewußtsein ihrer militanten Mitglieder ist. Dieses Bewußtsein hat sich in dem langen Befreiungskampf entwickelt.
Deshalb nimmt es auch nicht wunder, daß diese den Kampf um den nationalen Wiederaufbau als notwendige Fortsetzung des Befreiungskampfes begreifen und deshalb auch die Notwendigkeit, Lesen und Schreiben zu lernen, in kritischer Weise als eine Möglichkeit verstehen, besser dem Wiederaufbau des Landes dienen zu können, und nicht als einen Weg, sich das notwendige Werkzeug anzueignen, mit dem sie individuelle Interessen befriedigen können.
Verwunderlich wäre es allerdings, wenn die FARP-Angehörigen (selbst wenn es nur eine Minderheit unter ihnen wäre) mit dem Erlernen von Lesen und Schreiben die Möglichkeit verbänden, einen guten Arbeitsplatz oder eine privilegierte Position zu erlangen. Der Begriff »nationaler Wiederaufbau« hat für sie zweifellos eine ganz konkrete Bedeutung. Eine Bedeutung, die ihnen im Laufe des Kampfes allmählich klar geworden ist. Damals dürften sie sehr wohl begriffen haben, was Amilcar Cabral meinte, als er sagte: »Das Volk kämpft nicht für Ideen, die in irgendwelchen Köpfen existieren. Das Volk kämpft und nimmt die Opfer auf sich, die der Kampf ihm abverlangt, aber es tut

dies, um materielle Vorteile zu erlangen, um besser und in Frieden leben zu können, um zu sehen, wie sein Leben voranschreitet und um die Zukunft seiner Kinder zu sichern. Nationale Befreiung, Kampf gegen den Kolonialismus, Errichtung des Friedens und Fortschrittes – Unabhängigkeit –, dies alles sind leere bedeutungslose Worte, wenn sie nicht in der realen Verbesserung der Lebensbedingungen ihre Entsprechung finden.«*

Gerade weil sie diese Warnung im Verlaufe des Befreiungskampfes so klar begriffen haben, sehen sie jetzt im nationalen Wiederaufbau die notwendige Fortsetzung jenes Kampfes.

In einem der Kulturzirkel, an dessen Diskussionen Elza und ich teilgenommen haben, wurde im Gespräch über den Befreiungskampf auf bestimmte Abschnitte dieses Kampfes Bezug genommen und dabei immer die enge Beziehung zwischen der Befreiung und dem nationalen Wiederaufbau hergestellt. »Wenn wir im Wiederaufbau, in dem wir um die Produktion kämpfen müssen, nur einmal am Tag essen können, dann werden wir eben nur einmal am Tag essen. Die Interessen des Volkes stehen über den Interessen des einzelnen«, sagte einer der Teilnehmer.

Das Analphabetentum innerhalb der FARP ist ebenso wie in den Bevölkerungsteilen, die direkt am Befreiungskampf beteiligt waren, in Wirklichkeit ein linguistisches und kein politisches Analphabetentum. Vom politischen Standpunkt sind diese Kämpfer hoch »gebildet«, im Gegensatz zu den vielen gebildeten Menschen, die politische »Analphabeten« sind.

Im übrigen hat sich die PAIGC unter der weisen Führung von Amilcar Cabral und seinen Genossen immer dadurch ausgezeichnet, daß sie den nationalen Befreiungskampf als »kulturellen Tatbestand und kulturelle Triebkraft« verstand und deshalb in diesem Kampf zu keinem Zeitpunkt das Politische vom Militärischen getrennt hat.

Nicht nur einmal betont Amilcar Cabral in seinen Schriften, »unser bewaffneter Widerstand ist ein politischer Akt« und »unser bewaffneter Widerstand ist auch Ausdruck unseres kulturellen Widerstandes«**.

Diese dynamische Auffassung, die sich im Kampf selbst herausgebildet hatte, sorgte dafür, daß Amilcar Cabral und seine Parteigenossen niemals die strenge und intensive Ausbildung vernachlässigten. Diese Ausbildung war zu keinem Zeitpunkt auf das rein technisch-militärische

* Amilcar Cabral, PAIGC – Unidade e Luta, a.a.O., S. 46.

** Amilcar Cabral, a.a.O., S. 219 f.

Training zur Handhabung der Waffen beschränkt. Der Kämpfer lernte nicht nur, was ein Gewehr ist und wie man damit umgeht, sondern auch, wofür, warum, gegen wen und was und für wen und was er es benutzen sollte.

»Wir sind bewaffnete Kämpfer und keine Militaristen«, sagte Amilcar und betonte die Notwendigkeit einer »politisch effizienten Arbeit innerhalb der Streitkräfte«, ohne die sich »eine gewisse militaristische Manie« breitmachen würde. »Eine solche Tendenz«, betonte er, »muß in der FARP vordringlichst bekämpft und eliminiert werden.«

In allen seinen Abschnitten und Aspekten war der Kampf immer Gegenstand der Reflexion der Kämpfer, unabhängig von dem Grad ihrer Verantwortung in diesem Kampf.

Die FARP formten sich in einer zwar militärischen, aber vor allem militanten Erfahrung, in der gerade deshalb die Beteiligten ständig zum Denken und Erkennen, zu Kritik und Selbstkritik herausgefordert wurden; in einer Erfahrung, in der sie aus ihren Fehlern und Erfolgen lernen mußten. Dieses Klima bestimmte den Kampf von Anfang an.

»Das Prinzip der Kritik in allen Parteiversammlungen entwickeln«, sagte Cabral in einer seiner Schriften, mit der er sich an seine Genossen in sämtlichen Komitees und in der Streitmacht wendet. »Nach jeder Operation gegen den Feind im Guerillakampf oder im großen Verband müssen wir die Ergebnisse der Aktion und das Verhalten eines jeden, der daran teilgenommen hat, auswerten.«* In einer anderen Schrift sagt er: »Wir müssen uns unserer Fehler und unserer Irrtümer immer stärker bewußt werden, damit wir unsere Arbeit verbessern und immer besser im Dienste unserer Partei agieren können. Unsere Fehler dürfen uns nicht entmutigen, so wie wir auch über den Siegen, die wir errungen haben, nicht unsere Fehler vergessen dürfen.« Und etwas später: »Folglich müssen wir angesichts der günstigen Perspektive unseres Kampfes jedes Problem gründlich studieren und die jeweils beste Lösung finden. Wir müssen denken, um handeln zu können und handeln, um besser denken zu können.«**

Dieser Geist der Militanz und der Verpflichtung, zu dem auch die kritische Neugier und die Notwendigkeit gehören, die Realität, die man verändern will, immer besser zu erkennen, ist auch heute noch – und es könnte auch gar nicht anders sein – ein wesentliches Merkmal der FARP. Dieser Geist der Militanz – mit allem, was dazugehört – erklärt im Grunde am besten die außerordentlich positiven Ergebnisse,

* Amilcar Cabral, a.a.O., S. 59.
** Amilcar Cabral, a.a.O., S. 14 f.

die die Alphabetisierung und Nach-Alphabetisierung in der FARP zeitigen.
Dies ist jedoch nicht die Situation in den zivilen Wohnbezirken von Bissau, deren Bevölkerung während der Kolonialzeit sehr stark dem Einfluß der Kolonialherren, ihrer Macht, ihrer Gewalt und ihren Verlockungen ausgesetzt war und mit dem Kampf kaum oder überhaupt nicht in Berührung kam, so daß sie auch nicht im Kampf ihr politisches Bewußtsein entwickeln konnte*. Während für die FARP-Angehörigen die Alphabetisierung und Nach-Alphabetisierung leicht als politischer Akt zu begreifen ist und als Weg, besser dem kollektiven Interesse dienen zu können, sieht deshalb ein großer Teil derer, die in den zivilen Wohnbezirken zu den Kulturzirkeln gekommen sind, den Aussagen zufolge, die wir dort erhielten, die Alphabetisierung als ein Instrument zur Lösung individueller Interessen.
Wenn ich auch überzeugt bin, daß diese Haltung allmählich überwunden wird, sofern die Partei ihrer früheren Verpflichtung gegenüber dem Volk und die Regierung ihrer Verpflichtung gegenüber der Partei und damit dem Volk treu bleiben und diese Treue durch Taten bezeugen werden, können wir doch diesen konkreten Tatbestand nicht ignorieren.
Es scheint wichtig, nochmals an die in diesem Brief bereits zitierte Warnung von Amilcar zu erinnern: »Immer daran denken, daß das Volk nicht für Ideen kämpft, die in irgendwelchen Köpfen existieren.«
Wenn auch Cabral damit den Befreiungskampf meinte, gilt diese Warnung doch ebenso für den Kampf um den nationalen Wiederaufbau, mit dem die Erwachsenenalphabetisierung – um nur diese zu nennen – in Verbindung gesetzt werden muß.
So stellt uns die Erwachsenenalphabetisierung in diesen zivilen Gebieten vor eine ganze Reihe von Problemen, unter anderem vor das, wie wir uns solchen Gebieten nähern sollen. Wie wir Wege finden sollen, mit den Menschen über das Problem ihrer durchaus erklärbaren individualistischen Auffassung von Alphabetisierung zu sprechen. Wie wir schon im Augenblick der ersten Kontaktaufnahme mit der Bevölkerung die Alphabetisierung in Verbindung bringen können mit einer konkreten Aufgabe, die sich durch gemeinschaftliche Arbeit bewältigen läßt,

* Damit sollen keineswegs weder die Bemühungen geleugnet werden, die die PAIGC in den ersten Jahren ihrer Aktivitäten seit ihrer Gründung im Jahre 1956 in Bissau entwickelt hat, noch das Massaker von Pidjiguiti im Jahre 1959, mit dem die Kolonialmacht auf barbarische Weise die ersten von der Partei gelenkten Regungen des Volksaufstandes unterdrückte, noch soll geleugnet werden, daß die PAIGC sich während des gesamten Befreiungskampfes konstant bemüht hat, in Bissau aktiv zu sein.

anstatt das zu bekräftigen, wofür sie die Alphabetisierung halten – nämlich eine intellektuelle Betätigung, die ihnen individuelles Vorankommen ermöglicht.

Wenn Sie die Aktivitäten in diesen Gebieten noch einmal überdenken, meine ich, daß die Kommission mit allergrößter Sorgfalt einige dieser Bezirke auswählen sollte, um darin die Alphabetisierungsarbeit noch einmal auf andere Weise zu beginnen. Die Auswahl muß um so sorgfältiger getroffen werden, als wir uns bewußt sind, daß die dort erzielten Ergebnisse für die Intensivierung und Ausdehnung der Kampagne auf andere Gebiete eine erhebliche Rolle spielen werden. Dabei werden wir aus den Erfolgen und Fehlern lernen, wobei diese immer in ihren Ursachen analysiert und diskutiert werden müssen.

Dies bedeutet, daß auf die Alphabetisierungsarbeit, auf ihre Organisierung und ihr Funktionieren die gleichen Prinzipien der Kritik und der kreativen und militanten Disziplin angewandt werden, wie sie Amilcar Cabral als fundamental für den Sieg im Befreiungskampf bezeichnet hat.

Die Auswahl muß natürlich nach bestimmten Kriterien erfolgen, von denen ich hier zumindest zwei hervorheben würde: einmal muß die Frage gestellt werden, ob die Bevölkerung des betreffenden Bezirkes oder Teile von ihr einer systematischen produktiven Arbeit nachgeht oder in nächster Zukunft nachgehen wird und zum anderen die Frage, in welchem Grad die Bevölkerung politisch aktiv ist, mit anderen Worten, wie sie auf die Bemühungen der Stadtteilkomitees der Partei um politische Mobilisierung anspricht. Aus diesem Grunde muß die Kommission in ständigem Dialog mit der Führung dieser Komitees stehen und zwar nicht nur anläßlich der Auswahl der Bezirke, sondern während des gesamten Ablaufs der Aktion in den Stadtvierteln. Die Partei muß sowohl bei der Auswahl als auch bei der Einführung und Entwicklung des Programms eine maßgebliche Rolle spielen.

Ist die Auswahl getroffen – zwei oder drei Bezirke, das ist nicht so wichtig –, ist der Ausgangspunkt für die Arbeit ein Besuch in den entsprechenden Gebieten, wobei die Kommission sich von einem Vertreter des politischen Ortskomitees begleiten lassen sollte.

Hier könnte vielleicht mancher sagen, warum soll ich dieses oder jenes Viertel besuchen, um damit die Alphabetisierungsarbeit zu beginnen, wo ich doch in Bissau lebe und schon oft in diesen Vierteln gewesen bin? Die Tatsache, daß man mehrfach in einem Stadtviertel gewesen ist oder täglich eine Straße entlanggeht, genügt jedoch nicht immer, um dieses Viertel oder diese Straße wirklich kritisch zu sehen. Diesen kritischen Blick erreichen wir erst dann, wenn wir nicht nur einfach das Viertel

besuchen oder fast automatisch die Straße entlanggehen und sie nur *optisch* und *akustisch* wahrnehmen, sondern wenn wir die Straße oder das Viertel als »Vor-Beschäftigung« begreifen und versuchen, sie wirklich zu *sehen* und in ihnen ihre Bewohner zu *hören* – mit ihnen Kommunikation aufnehmen. Dann sind wir mehr als »kühle distanzierte« Experten, die das Gebiet und seine Bewohner zum Objekt ihrer Analyse machen; wir sind *Militante,* die sich bemühen, die Realität des Gebietes *mit* denen zu erkennen, die es bewohnen.
Bei diesen Besuchen muß auch das geringste Detail notiert werden: der Straßenzustand im betreffenden Viertel, der zum Beispiel für die kollektive Gesundheit eine Rolle spielt; das Vorhandensein oder Fehlen von Treffpunkten, wo die Menschen miteinander reden; die Umstände, unter denen die Kinder auf der Straße spielen; eine Unzahl von Daten, die sich uns erst dann offenbaren, wenn wir nicht nur einfach durch die Straßen schlendern, sondern uns wißbegierig hineinbegeben.
Von einigen dieser Aspekte könnten Fotografien – echte Kodierungen des Gebietes – angefertigt werden, über die später die Teilnehmer in den Kulturzirkeln diskutieren würden.
Als eine erste kritische Annäherung an die Stadtviertel sind diese Besuche der Beginn einer Bekanntschaft, die sich später in dem Maße verfestigen wird, wie wir unsere Vertrautheit mit ihren Bewohnern nicht nur in den Kulturzirkeln vertiefen, sondern vor allem durch ein konkretes Aktionsprogramm, das unter der Beteiligung der Bevölkerung zu entwerfen ist.
Auf diese Weise kann in einigen Fällen, die sich aus der Praxis ergeben werden, die Nach-Alphabetisierung der Alphabetisierung »vorausgehen«. Statt die Alphabetisierung mit Kulturzirkeln zu beginnen, könnten wir zunächst mit der Bevölkerung in kleinen Gruppen über konkrete Aspekte ihrer Straßen sprechen und über die Möglichkeit, durch gemeinschaftliche Arbeit kleine lokale Probleme zu lösen. Wenn man zum Beispiel darüber spricht, Senken im Erdboden, in denen sich das Regenwasser sammelt und stehenbleibt und damit die Verbreitung von Moskitos begünstigt, in gemeinsamer Arbeit zuzuschütten, kann man gleichzeitig eine ganze Reihe von Aspekten des Gesundheitswesens ansprechen. Und nicht nur dies, man kann dabei auch über die Bedeutung der kooperativen Arbeit sprechen, über Zusammenarbeit, Einheit, nationalen Wiederaufbau. Der Weg zum Verständnis des nationalen Wiederaufbaus würde in diesem Falle über die konkrete Arbeit am Wiederaufbau des eigenen Hauses, der Straßen eines Stadtviertels und des Stadtviertels selbst laufen.
In einem bestimmten Augenblick des Engagements der Bevölkerung für

konkrete Aufgaben kann es geschehen, daß die Alphabetisierung als Notwendigkeit empfunden wird. In diesem Falle wäre sie dann die scheinbar paradoxe Fortsetzung der ihr vorausgegangenen Nach-Alphabetisierung.
Wie auch immer die Situation aussehen mag, auf jeden Fall muß die Alphabetisierung ebenso wie die Nach-Alphabetisierung an eine praktische Arbeit gebunden sein, die von kollektivem Interesse ist und in Kooperation durchgeführt wird.
Die Art dieser Tätigkeit ist weder vorauszusehen noch im Vorweg zu konzipieren. Nur im Zusammenleben mit den Menschen in ihrem Stadtviertel können wir *mit* ihnen entdecken, was getan werden muß, und nur, wenn wir uns diesem Tun voll widmen und darüber nachdenken, werden wir mehr und besser erkennen.
Der programmatische Inhalt sowohl der Alphabetisierung – die generativen Wörter und die damit verbundenen Themen – als auch der Nach-Alphabetisierung schält sich aus dem kritischen Verstehen des Stadtviertels und aus den verschiedenen Arbeiten heraus, die sich darin entwickeln lassen.
Wie ich immer betont habe, schreibe ich Ihnen nicht, um Lösungen anzubieten, auch wenn ich eine bestimmte Art der Aktion vorschlage, sondern nur, um Fragen aufzuwerfen.
Mit dieser Absicht schreibe ich Ihnen nun noch einmal in einem Augenblick, in dem Sie nach neuen Wegen suchen, um die Erwachsenenalphabetisierung in den Wohnbezirken von Bissau in Bewegung zu bringen.

Mit brüderlichem Gruß,
Paulo Freire

Nachwort

Guinea-Bissau – ein winziger Flecken auf der Afrika-Karte, von der Weltöffentlichkeit praktisch nicht zur Kenntnis genommen, bevor die PAIGC 1963 unter der Führung von Amilcar Cabral ihren bewaffneten Kampf gegen die portugiesische Kolonialmacht aufnahm, um das Land von 500 Jahre währender Unterdrückung und erzwungener Unterentwicklung zu befreien. Auch die Ermordung Cabrals am 20. 1. 1973 – ein verzweifelter Versuch der Portugiesen, den unmöglich zu gewinnenden Krieg gegen die guineische Befreiungsbewegung doch noch für sich zu entscheiden – und die Publikation von »Portugal e o Futuro« Anfang 1974, in dem General António de Spinola, der ehemalige Gouverneur und Befehlshaber der portugiesischen Truppen in Guinea-Bissau, angesichts der militärisch hoffnungslosen Situation in den portugiesischen Kolonien einen politischen Ausweg nach britischem oder französischem Vorbild suchte, um zu retten, was noch zu retten war, machten das kleine Land nicht wesentlich bekannter. Nachdem Guinea-Bissau schließlich am 10. 9. 1974 von Portugal »de jure« als unabhängiger Staat anerkannt wurde, hat sich der Informationsstand hierzulande zwar dank der aktiven Arbeit zahlreicher Solidaritätskomitees um einiges verbessert, dennoch scheint es sinnvoll, einen knappen Abriß der sozio-ökonomischen Situation Guinea-Bissaus als ergänzendes Material zum vorliegenden Text anzubieten.

Vorweg zunächst einmal die wesentlichsten Daten: Guinea-Bissau hat eine Fläche von 36 000 km² (das entspricht etwa der Größe von Baden-Württemberg), wovon ungefähr ein Drittel aus nicht zu kultivierenden Sümpfen besteht. Die Bevölkerung wird auf ca. 800 000 Einwohner geschätzt, die sich aus mehr als zwanzig verschiedenen »ethnischen Gruppen« zusammensetzt, in denen die unterschiedlichsten sozialen Strukturen zu finden sind; das Spektrum reicht von der klassen- und staatenlosen Gesellschaft bei den Balante bis zur strengen Hierarchie der Fula, bei denen die Bauern als unterste Klasse den Status von Leibeigenen haben. Hinzu kommt eine Vielfalt an Sprachen und Religionen.

Die Guineer sind ein Bauernvolk. 90 % der Bevölkerung lebt auf dem Land und bestreitet den Lebensunterhalt durch Ackerbau. Von der kultivierbaren Fläche war im Jahre 1970 schätzungsweise nur ein knappes Viertel bearbeitet. Unter der Kolonialherrschaft waren die Bauern gezwungen, hauptsächlich Erdnüsse anzubauen, die von den Portugiesen in der Metropole verarbeitet und deren Derivate (Öl, Seife etc.) zu überhöhten Preisen nach Guinea-Bissau exportiert wurden. Das zweite Hauptanbauprodukt ist Reis, das Grundnahrungsmittel der Guineer. Industrie existierte bis zur Unabhängigkeit praktisch überhaupt nicht,

abgesehen von einigen kleinen, technisch völlig überalterten Anlagen zum Schälen von Reis und Erdnüssen sowie einer Getränkefabrik, die noch 1974 zur Deckung des Bedarfs der portugiesischen Streikräfte errichtet wurde.
Für die Situation in der Energieversorgung und Infrastruktur (Verkehrsverbindungen) zum Zeitpunkt der Unabhängigkeit gilt das gleiche wie für das Gesundheits- und Erziehungswesen (hiervon ausgenommen die von der PAIGC in den ehemals befreiten Gebieten aufgebauten Schulen und Sanitätsposten): das wenige, das überhaupt existierte, war fast ausschließlich zur Versorgung der portugiesischen Streitkräfte bestimmt. In welch sträflicher Weise die Kolonialmacht zum Beispiel die medizinische Versorgung der zivilen Bevölkerung vernachlässigt hat, läßt sich unschwer aus der Tatsache ableiten, daß von den insgesamt 86 in Guinea tätigen Ärzten 46 in den drei großen Militärkrankenhäusern in Bissau arbeiteten und nur ganze *drei* Ärzte nicht dem Militär angehörten!
Das Land befand sich also in einem Zustand der totalen Unterentwicklung, als Portugal nach der Zerschlagung des eigenen diktatorischen Systems Guinea Bissau »in die Unabhängigkeit entließ«*. So galt es demnach nicht nur, die enorm hohe Analphabetenquote von über 90 % so schnell wie möglich zu reduzieren, sondern den nationalen Wiederaufbau auf sämtlichen Ebenen in Angriff zu nehmen. Ausgehend von dem Prinzip, daß alles zum Wohle des *gesamten* Volkes gereichen muß, verbot sich von vornherein das Ziel einer Industrialisierung um jeden Preis, wie sie in anderen Ländern der Dritten Welt betrieben wurde und wird. Wer den Preis dieser Industrialisierung zu zahlen hat, ist hinreichend bekannt. Das Agrarland Guinea Bissau räumt deshalb der Entwicklung seiner Landwirtschaft eine entscheidende Bedeutung ein. Die leitenden Kriterien sind »Produktionssteigerung« und »Diversifizierung«. Die ersten Erfolge zeichnen sich bereits deutlich ab. Die Reisproduktion etwa, die in den Kriegsjahren eine spektakuläre Reduzierung erlebte, konnte innnerhalb von zwei Jahren der Unabhängigkeit in ebenso spektakulärer Weise gesteigert werden, so daß der interne Bedarf an diesem Grundnahrungsmittel erstmals wieder gedeckt wurde. Mit der Diversifizierung (vor allem im Obst- und Gemüseanbau) wird

* In diesem Zusammenhang sollte nicht versäumt werden, die Bedeutung des guineischen Befreiungskampfes für die politische Entwicklung in Portugal zu erwähnen: nicht die portugiesischen Hauptleute, die am 25. 4. 1974 die Diktatur in Portugal stürzten, haben den Guineern die Freiheit gebracht, sondern der Kampf der PAIGC und des guineischen Volkes hat diese Entwicklung erst möglich gemacht!

nicht nur eine Verbesserung der Volksernährung, sondern gleichzeitig die Produktion für den Export und der Aufbau einer vorerst bescheidenen Lebensmittelindustrie (Konserven) angestrebt. Ebenfalls zur Verbesserung der Volksernährung ist mit algerischer und schwedischer Hilfe mit dem Aufbau der Geflügelzucht begonnen worden, um die Bevölkerung mit dem lebensnotwendigen Protein zu versorgen. Dies sind nur zwei Beispiele, die stellvertretend für den gesamten Agrarsektor genannt werden sollen.

Ein wesentlicher Aspekt der Agrarpolitik ist die Form staatlicher Intervention. Zwar wurde 1975 privater Grundbesitz per Gesetz abgeschafft, doch bestehen nach wie vor die traditionellen Formen der Bodenbearbeitung, d. h. der kollektive (im Rahmen einer Dorfgemeinschaft) und individuelle (auf eine Familie beschränkte) Ackerbau. Neu sind die reinen Staatsgüter, deren Aufgabe neben Erprobung von neuen Anbaumethoden und -techniken sowie Diversifizierung der Agrarprodukte vor allem die Verbreitung der gewonnenen Erkenntnisse und damit die Fortbildung der bäuerlichen Bevölkerung ist. Die Staatsgüter unterstehen direkt dem Landwirtschaftsministerium, die Arbeitskräfte werden vom Staat bezahlt. Die wichtigste Neuerung im Agrarbereich sind aber wohl die Kooperativen, bei deren Einführung sehr behutsam vorgegangen wird, denn die Verantwortlichen sind sich bewußt, daß diese Organisationsform ein hohes Maß an Mitbestimmung und Eigeninitiative seitens der Beteiligten voraussetzt. Eines der interessantesten Projekte in diesem Rahmen dürfte der Plan sein, Angehörige der FARP (Revolutionäre Volksarmee) in Kooperativen zu organisieren und sie damit wieder dem Produktionssektor zuzuführen. Ihr hochentwickeltes politisches Bewußtsein ist die beste Voraussetzung für die erfolgreiche Realisierung dieses Projektes.

Eine der Agrarentwicklung fast ebenbürtige Priorität wird dem Bereich »öffentliche Gesundheit« beigemessen. In den ehemals befreiten Gebieten hatte die PAIGC schon während des Befreiungskrieges ein Netz von Sanitätsposten und kleinen Regionalhospitälern aufgebaut, das für die medizinische Betreuung der gesamten Bevölkerung in diesen Gebieten sorgte. Inzwischen ist mit der Erweiterung des Krankenhausnetzes begonnen worden, wobei man sich wiederum von dem Kriterium des größtmöglichen Gemeinwohls leiten ließ und sich für die Errichtung vieler kleiner Krankenhäuser anstelle von wenigen großen Zentralhospitälern entschied. Gleichzeitig wird die Einrichtung von Dorfapotheken (unter der Verantwortung des für Gesundheitsfragen zuständigen Mitglieds der Partei-Dorfkomitees) betrieben, um die Versorgung der Bevölkerung mit den notwendigsten Medikamenten sicherzustellen. Von der anfänglichen Praxis, die Kosten des Gesundheitsdienstes vollkommen vom Staat tragen zu lassen, ist man nach recht negativen Erfahrungen (finanzielle Schwierigkeiten und mangelndes Verantwortungsbewußtsein der Patienten) dazu übergegangen, die Patienten entsprechend ihrer finanziellen Situation an den Kosten zu beteiligen. Das medizinische Personal rekrutierte sich während des Krieges hauptsächlich aus Ausländern, inzwischen haben eine Reihe von PAIGC-Angehörigen ihre Ausbildung im Ausland absolviert. Um die Bevorzugung der Hauptstadt zu verhindern, ist das Personal verpflichtet, nach einem bestimmten Rotationssystem auch im Landesinneren zu arbeiten. Zur Präventivmedizin (über deren Stellenwert Paulo Freire bereits referiert hat) ist ergänzend zu erwähnen, daß 1975 bereits 50 000 Kinder gegen Pocken geimpft wurden und 1976 mit einer umfangreichen Impfkampagne gegen Polio (Kinderlähmung) begonnen wurde.

Wesentliche Voraussetzung für den Aufbau eines neuen Staates und Instrument des Wandels ist das politische Bewußtsein der Bevölkerung, das auch den Fortbestand des neuen sozialen Gefüges in der Zukunft sichert. Dieses Bewußtsein zu wecken und zu stimulieren, ist die zentrale Funktion der Volkserziehung in Guinea Bissau. Besondere Schwierigkeiten in ihrer politischen Bildungsarbeit hat die PAIGC auf zwei verschiedenen Ebenen zu bewältigen. Mit dem Abzug der Portugiesen hat sich für große Teile der Bevölkerung der Hauptstadt Bissau ein einschneidender Wandel in ihrer Lebensweise vollzogen, denn sie verloren lukrative Einnahmequellen und damit die Grundlage ihres relativ privilegierten Lebensstandards. Zu dieser Gruppe sind vor allem jene zu zählen, die direkt für die Kolonialstreitkräfte gearbeitet haben, außerdem viele Händler sowie das Heer der Dienstboten in den privaten Haushalten der Portugiesen und nicht zu vergessen die Guineer, die sich für einen überhöhten Sold regelrecht verkauften und aus deren Reihen die »afrikanischen Kommandos« der Kolonialstreitkräfte rekrutiert wurden. Diese Bevölkerungsteile für die gemeinsame Aufgabe des nationalen Wiederaufbaus zu gewinnen, erfordert enorme Anstrengungen in der politischen Aufklärungsarbeit.

Etwas anders gelagert ist die Situation in den verschiedenen eingangs erwähnten »ethnischen Gruppen« mit ausgesprochen hierarchischer Struktur, deren Häuptlinge zum großen Teil mit den Kolonialisten kollaboriert haben. Hier geht es nicht um Verlust von Privilegien vieler Individuen, sondern um den Abbau autoritärer Strukturen. Die Arbeit der PAIGC zielt darauf ab, ganz allmählich und behutsam den sozialen Einfluß dieser Häuptlinge zu reduzieren und die Bevölkerung

daran zu gewöhnen, sich mit ihren Problemen an die Parteikomitees in den Dörfern zu wenden.
Offene und organisierte Opposition hat es bis 1976 weder von seiten dieser Häuptlinge noch von seiten der ehemals privilegierten Bevölkerungsteile in Bissau gegeben. Schon vor Jahren hat sich eine kleine kolonialistisch ausgerichtete Gruppe, die FLING, in den Senegal abgesetzt, ohne je Einfluß gewonnen zu haben. Ebensowenig Erfolg hatte der Versuch des Movimento Democrático da Guiné (Demokratische Bewegung von Guinea), Spinolas politische Ideen durchzusetzen. Von den Angehörigen der »afrikanischen Kommandos« ist ein Teil ins Ausland geflüchtet und könnte vielleicht eine Bedrohung darstellen. Im Gefolge des mißglückten Umsturzversuches in Portugal im März 1975 gab es auch in Guinea Bissau einige Zwischenfälle, ebenso an der Grenze zum Senegal. Gewissen Widerständen hat die PAIGC im ganzen Land zu begegnen, nicht nur in den ehemals von den Portugiesen kontrollierten Gebieten. Doch der Zustrom zur Partei und damit die Billigung ihrer politischen Ziele ist unendlich viel größer. Daß es der PAIGC gelingen wird, diese restlichen Widerstände zu überwinden, steht mit großer Wahrscheinlichkeit zu erwarten, denn in der derzeitigen Phase ihres Kampfes geht es nicht darum, Feinde zu besiegen, sondern Zögernde zu überzeugen.

Karin von Schweder-Schreiner

Ausgewählte deutschsprachige Literatur über Guinea-Bissau

Beck, Johannes u. Boehncke, Heiner, Hrsg., Jahrbuch für Lehrer 1979, Reinbek 1978

Cabral, Amilcar, Die Revolution der Verdammten, Berlin 1974

Chaliand, Gérard, Bewaffneter Kampf in Afrika, München 1967

Davidson, Brasil, Die Befreiung Guineas, Frankfurt a. M. 1970

Gerweck, Uta, Guinea-Bissao – Nationaler Befreiungskampf und kollektiver Fortschritt, Stein/Nürnberg und Freiburg (Schweiz) 1974

Wer den Aufbau des Erziehungswesens in Guinea Bissau unterstützen will, kann dies durch Geld- und Sachspenden (Schulmaterial wie Hefte, Blöcke, Bleistifte, Tafeln etc.) tun. Die Sachspenden sind zu richten an:

Amilcar-Cabral-Gesellschaft e. V.,
Postfach 250 106
4630 Bochum 1

Geldspenden:
Spendenkonto Nr. 297 705
Stadtsparkasse Münster
Kto-Inh. Klaus Labudde

Die Spenden sind steuerabzugsfähig.

Von der Amilcar-Cabral-Gesellschaft e. V. kann auch weiteres Material über Guinea Bissau bezogen werden.